Mittelhochdeutsche Grammatik

von

Helmut de Boor †

und

Roswitha Wisniewski

Neunte, um eine Satzlehre
erweiterte Auflage

1984

Walter de Gruyter · Berlin · New York

Dr. *Helmut de Boor* †
em. o. Prof. an der Freien Universität Berlin
Korresp. Mitglied der Bayerischen Akademie der
Wissenschaften

Dr. *Roswitha Wisniewski*
o. Prof. an der Universität Heidelberg

CIP-Kurztitelaufnahme der Deutschen Bibliothek

Boor, Helmut de:
Mittelhochdeutsche Grammatik / von Helmut de Boor u. Roswitha
Wisniewski. − 9., um e. Satzlehre erw. Aufl. − Berlin ; New York :
de Gruyter, 1984.
    (Sammlung Göschen ; 2209)
    ISBN 3-11-010191-2
NE: Wisniewski, Roswitha:; GT

Printed in Germany
Satzergänzungen und Druck: Arthur Collignon GmbH, Berlin
Buchbinder: Lüderitz & Bauer, Berlin

Zur Erinnerung an Helmut de Boor

Am 4. August 1976 starb Helmut de Boor im Alter von 85 Jahren. Sein wissenschaftliches Werk lebt fort. Dazu gehört auch die Mittelhochdeutsche Grammatik, die wir vor vielen Jahren gemeinsam konzipierten und veröffentlichten. Helmut de Boor hatte — wie er gern betonte — die Anregung zu dieser Art der Sprachbetrachtung, die von historischen Gegebenheiten aus Entwicklung und Systematik einer Sprache sichtbar zu machen versucht, von seinem Lehrer Ferdinand Wrede empfangen. Bei vielen Studenten vermochte er dank dieser Methode Interesse, ja Begeisterung für Sprachwissenschaft zu wecken. Möge es denen, die sich in diese sprachwissenschaftliche Schule de Boors stellen, vergönnt sein, in seinem Sinne weiter zu wirken.

Roswitha Wisniewski

Vorwort zur neunten Auflage

Die neunte Auflage ist um eine Satzlehre erweitert worden. Diese ist so angelegt, daß der systematische Aufbau der mittelhochdeutschen Syntax mit ihren einzelnen Satzgliedern und den größeren Einheiten der verschiedenen Satzarten möglichst deutlich herausgestellt wird. Dazu war die Beschränkung auf die grundlegenden syntaktischen Regeln und Gegebenheiten erforderlich. Es steht zu hoffen, daß hierdurch der Zugang zu den materialreichen Darstellungen der mittelhochdeutschen Syntax, wie sie vor allem von Otto Behaghel und Ingeborg Schröbler vorliegen, erleichtert wird. Auf diesen beiden Darstellungen fußt die vorliegende Syntax weitgehend.

Anders als in der Laut- und Formenlehre dieser Grammatik hat der historische Aspekt in der Syntax nur wenig Berücksichtigung gefunden. Der Grund dafür liegt vor allem darin, daß die gesamte Grammatik auf die Sprache der klassischen mittelhochdeutschen Dichtung des 12./13. Jahrhunderts hin konzipiert ist. Das gilt auch für die Satzlehre. Die syntaktischen Belegstellen wurden deshalb, so weit möglich, den mittelhochdeutschen Versdichtungen jener Zeit entnommen. Durch den Verzicht, ältere Sprachstufen und andere Textsorten in die Syntaxdarstellung einzubeziehen, konnte der hier gesetzte Rahmen einer kurzgefaßten mittelhochdeutschen Grammatik erhalten bleiben.

Roswitha Wisniewski

Inhaltsverzeichnis

1. Teil: Lautlehre

2. Teil: Formenlehre

Abkürzungen und Zeichen

ahd.	= althochdeutsch		md.	= mitteldeutsch
alem.	= alemannisch		Mda.	= Mundart
as.	= altsächsisch		Mdaa.	= Mundarten
bair.	= bairisch		mhd.	= mittelhochdeutsch
engl.	= englisch		ndd.	= niederdeutsch
fränk.	= fränkisch		nhd.	= neuhochdeutsch
germ.	= germanisch		obd.	= oberdeutsch
got.	= gotisch		*	vor einem Wort bedeutet, daß
griech.	= griechisch			die Form nur erschlossen,
hd.	= hochdeutsch			nicht überliefert ist
idg.	= indogermanisch		>	= entwickelt sich zu
lat.	= lateinisch		<	= ist entstanden aus

Textausgaben (mit Abkürzungen) der Syntax-Belege

AH   Hartmann von Aue, Der arme Heinrich. Hrsg. von Hermann
          Paul. 14., neu bearb. Auflage besorgt von Ludwig Wolff.
          Tübingen 1972 (= ATB Nr. 3).

Berth.   Berthold von Regensburg. Vollständige Ausgabe seiner Pre-
          digten . . . von Franz Pfeiffer. Band I: Wien 1862. Band II
          (hrsg. von J. Strobl): Wien 1880. – Neudruck: Deutsche Neu-
          drucke. Reihe: Texte des Mittelalters. Berlin 1965.

Diemer   Deutsche Gedichte des elften und zwölften Jahrhunderts.
          Hrsg. von Joseph Diemer. Wien 1849. – Nachdruck: Darm-
          stadt 1968.

Ecke   Ecken Liet. Hrsg. von Julius Zupitza. Berlin 1870 (= Deut-
          sches Heldenbuch 5. Teil). – Neudruck: Deutsche Neudrucke.
          Reihe: Texte des Mittelalters. Zürich 1968.

Er.   Hartmann von Aue, Erec. Hrsg. von Albert Leitzmann. 5. Auf-
          lage besorgt von Ludwig Wolff. Tübingen 1972 (= ATB
          Nr. 39).

Freid.   Freidank. Hrsg. von Wilhelm Grimm. 2. Ausgabe. Göttingen
          1860.

Gen.   Die altdeutsche Genesis. Nach der Wiener Handschrift. Hrsg.
          von Viktor Dollmayr. Halle/S. 1932 (= ATB Nr. 31).

Greg.   Hartmann von Aue, Gregorius. Hrsg. von Hermann Paul.
          12. Auflage besorgt von Ludwig Wolff. Tübingen 1973 (=
          ATB Nr. 2).

Iw.   Iwein. Eine Erzählung von Hartmann von Aue. Hrsg. von
          Georg Friedrich Benecke und Karl Lachmann, neu bearb. von
          Ludwig Wolff. 7. Ausgabe. Band I: Text. Band II: Hand-
          schriftenübersicht, Anmerkungen und Lesarten. Berlin 1968.

Klage   Diu Klage. Mit den Lesarten sämtlicher Handschriften. Hrsg.
          von Karl Bartsch. Leipzig 1875. – Neudruck: Darmstadt
          1964.

Konr. v. Würzbg. Troj. Kr.	Der trojanische Krieg von Konrad von Würzburg. Hrsg. durch Adelbert von Keller. Mit Anmerkungen zu Konrads Trojanerkrieg von Karl Bartsch. 2 Bände. Stuttgart 1858 und 1877. — Neudruck: Amsterdam 1965.
Kraus, Liederd.	Deutsche Liederdichter des 13. Jahrhunderts. Hrsg. von Carl von Kraus. Band I: Text. Band II: Kommentar, besorgt von Hugo Kuhn. Tübingen 1952 und 1958. — 2. Auflage, durchgesehen von Gisela Kornrumpf. Tübingen 1978.
Kschr.	Kaiserchronik eines Regensburger Geistlichen. Hrsg. von Edward Schröder. Hannover 1892. MGH 1. Bd., 1. Abt.: Deutsche Kaiserchronik. — Neudruck Berlin/Zürich 1969.
Kudr.	Kudrun. Hrsg. von B. Symons. 4. Auflage bearb. von Bruno Boesch. Tübingen 1964.
Lau.	Laurin und Walberan ... Hrsg. von Oskar Jänicke (= Deutsches Heldenbuch 1. Teil). Berlin 1866. Unveränd. Nachdruck Berlin/Zürich 1963.
Mai	Mai und Beaflor. Eine Erzählung aus dem 13. Jahrhundert. Hrsg. von Wilhelm Vollmer. Leipzig 1848 (= Dichtungen des deutschen Mittelalters Band VII).
Melker Marienl.	Kleinere deutsche Gedichte des 11. und 12. Jahrhunderts. Hrsg. von Albert Waag. Bde. I und II. Neu hrsg. von Werner Schröder. Tübingen 1972 (= ATB Nr. 71 u. 72).
MF	Des Minnesangs Frühling. Unter Benutzung der Ausgaben von Karl Lachmann und Moriz Haupt, Friedrich Vogt und Carl von Kraus bearb. von Hugo Moser und Helmut Tervooren. Band I: Texte. Band II: Editionsprinzipien, Melodien, Handschriften, Erläuterungen. 36., neugestaltete und erweiterte Auflage. Stuttgart 1977.
NL	Das Nibelungenlied. Nach der Ausgabe von Karl Bartsch hrsg. von Helmut de Boor. 21., revidierte und von Roswitha Wisniewski erg. Auflage. Wiesbaden 1979.
Pz.	Parzival, in: Wolfram von Eschenbach. Neudruck der 6. Auflage von Karl Lachmann. Berlin 1965.
Renner	Der Renner von Hugo von Trimberg. Hrsg. von Gustav Ehrismann. 4 Bände. Tübingen 1908; 1909; 1911. — Neudruck Deutsche Neudruck-Reihe: Texte des Mittelalters. Berlin 1970. Mit einem Nachwort und Ergänzungen von Günther Schweikle.

RF — Das mittelhochdeutsche Gedicht vom Fuchs Reinhart nach den Casseler-Bruchstücken und der Heidelberger Hs. Cod. pal. germ. 341. Hrsg. von Georg Baesecke. 2. Auflage besorgt von Ingeborg Schröbler. Halle 1952 (= ATB Nr. 7).

Rl. — Das Rolandslied des Pfaffen Konrad. Hrsg. von Carl Wesle. 2. Auflage besorgt von Peter Wapnewski. Tübingen 1967 (= ATB Nr. 69).

Ro. — König Rother. Hrsg. von Theodor Frings und Joachim Kuhnt. Bonn/Leipzig 1922 (= Rhein. Beiträge und Hülfsbücher zur german. Philologie und Volkskunde Bd. III).

Schönb. — Altdeutsche Predigten. Hrsg. von Anton E. Schönbach. 3 Pred. — Bände. Graz 1886; 1888; 1891. − Neudruck: Darmstadt 1964.

Tauler Pred. — Die Predigten Taulers . . . Hrsg. von Ferdinand Vetter. Berlin 1910 (= DTM Bd. XI).

Tit. — Titurel, in: Wolfram von Eschenbach. Neudruck der 6. Auflage von Karl Lachmann. Berlin 1965.

Trist. — Gottfried von Straßburg, Tristan und Isold. Text. Hrsg. von Friedrich Ranke. 15., unveränderte Auflage. Dublin/Zürich 1978.

Wa. — Die Gedichte Walthers von der Vogelweide. Hrsg. von Karl Lachmann. 13. Ausgabe von Hugo Kuhn. Berlin 1965.

Wh. — Willehalm, in: Wolfram von Eschenbach. Neudruck der 6. Auflage von Karl Lachmann. Berlin 1965.

Wig. — Wirnt von Gravenberc, Wigalois der Ritter mit dem Rade. Hrsg. von Johannes M. N. Kapteyn. Band I: Text. Bonn 1926.

Wolfd. — Ortnit und die Wolfdietriche . . . Hrsg. von Arthur Amelung und Oskar Jänicke. Bände I und II (= Deutsches Heldenbuch 3. und 4. Teil). Berlin 1871 und 1873. − Neudruck: Deutsche Neudrucke. Reihe: Texte des Mittelalters. Zürich 1968.

Literatur

Germanisch:

H. Hirt, Handbuch des Urgermanischen. 3 Bde. Heidelberg 1931−1934.
H. Krahe, Germanische Sprachwissenschaft. 3 Bde. Bd. 1 Einleitung und Lautlehre. 7. Aufl. 1969. Sammlung Göschen Nr. 238. Bd. 2 Formenlehre. 7. Aufl. 1969. Sammlung Göschen Nr. 780. Bd. 3 von W. Meid, Wortbildungslehre 1967. Sammlung Göschen Nr. 1218/1218a/1218b.
H. F. Nielsen, De germanske sprog. Baggrund og gruppering. Odense 1979.
P. Ramat, Einführung in das Germanische. Tübingen 1981.
W. Streitberg, Urgermanische Grammatik. 4. Aufl. Heidelberg 1974. (1. Aufl. 1896)
W. Wilmanns, Deutsche Grammatik. Gotisch, Alt-, Mittel- und Neuhochdeutsch. 4 Bde. 2. u. 3. Aufl. Straßburg 1909−1922. Nachdr. Berlin 1967. (1. Aufl. 1893)

Deutsch:

R. Bergmann / P. Pauly, Alt- und Mittelhochdeutsch. Arbeitsbuch zum linguistischen Unterricht. Göttingen 1973.
I. Dal, Kurze deutsche Syntax auf historischen Grundlagen. 2., verb. Aufl. Tübingen 1962.
R. P. Ebert, Historische Syntax des Deutschen. Stuttgart 1978 (= Slg. Metzler Bd. 167).
J. Erben, Deutsche Syntax. Eine Einführung. Bern, Frankfurt, New York 1984.
U. Gerdes und G. Spellerberg, Althochdeutsch − Mittelhochdeutsch. Grammatischer Grundkurs zur Einführung und Textlektüre. Frankfurt (M) 1972. Fischer Athenäum Taschenbücher 2008.
K. E. Heidolph u. a. (Autorenkollektiv), Grundzüge einer deutschen Grammatik. Berlin 1981.
R. E. Keller, The German language. London 1978.
R. von Kienle, Historische Laut- und Formenlehre des Deutschen. 2. Aufl. Tübingen 1969. (1. Aufl. 1960)

K. Meisen, Altdeutsche Grammatik. 2 Bde. 2. Aufl. Stuttgart 1968. Sammlung Metzler Bd. 2. 3 (1. Aufl. Bonn 1947)

H. Paul, Deutsche Grammatik. 5 Bde. 4.–6. Aufl. Halle 1958. 1959. Nachdr. Tübingen 1968. (1. Aufl. Halle 1916–1920)

H. Paul und H. Stolte, Kurze deutsche Grammatik. Auf Grund d. fünfbändigen Grammatik von H. Paul, eingerichtet von H. Stolte. 3. Aufl. Tübingen 1962. (1. Aufl. Halle 1949)

H. Penzl, Geschichtliche deutsche Lautlehre. München 1969.

R. Wisniewski, Deutsche Grammatik. Heidelberg 1978. Bern, Frankfurt, New York 1982.

Althochdeutsch:

G. Baesecke, Einführung in das Althochdeutsche. München 1918.

W. Braune, Althochdeutsche Grammatik. 13., verb. Aufl. von H. Eggers. Tübingen 1975. (1. Aufl. Halle 1886)

W. Braune, Abriß der althochdeutschen Grammatik. Mit Berücksichtigung des Altsächsischen. 14. Aufl. Bearb. von E. A. Ebbinghaus. Tübingen 1977.

H. Naumann, Althochdeutsche Grammatik. 2. Aufl. Berlin 1923. Sammlung Göschen Nr. 727. (1. Aufl. 1914)

H. Naumann und W. Betz, Althochdeutsches Elementarbuch. 4. Aufl. Berlin 1967. Sammlung Göschen Nr. 1111/1111a. (1. Aufl. 1937)

H. Penzl, Lautsystem und Lautwandel in den althochdeutschen Dialekten. München 1970.

J. Schatz, Althochdeutsche Grammatik. Göttingen 1927.

S. Sonderegger, Althochdeutsche Sprache und Literatur. Berlin 1974. Sammlung Göschen Nr. 8005.

J. B. Voyles, The Phonology of Old High German. Wiesbaden 1976 (Zeitschrift für Dialektologie und Linguistik, Beiheft N. F. 18.)

Mittelhochdeutsch/Frühneuhochdeutsch:

J. A. Asher, A short descriptive grammar of Middle High German. With texts and vocabulary. 2. ed. (rev.). Auckland Univ. Pr. London 1975.

G. Eis, Historische Laut- und Formenlehre des Mittelhochdeutschen. Heidelberg 1950.

K. Helm, Abriß der mhd. Grammatik. 4. Aufl. bearb. von E. A. Ebbinghaus. Tübingen 1973. (1. Aufl. 1951)

G. Mausser, Mittelhochdeutsche Grammatik auf vergleichender Grundlage. 3 Bde. München 1932 f.

H. Mettke, Mittelhochdeutsche Grammatik. 3. Aufl. Leipzig 1970. (1. Aufl. Halle 1964)

V. Michels, Mittelhochdeutsches Elementarbuch. 4. Aufl. Heidelberg 1921. (1. Aufl. 1896)

V. Moser, Frühneuhochdeutsche Grammatik. 2 Bde. Heidelberg 1929. 1951.

H. Moser / H. Stopp, Grammatik des Frühneuhochdeutschen. Beiträge zur Laut- und Formenlehre.
Bd. I, T. I: K. O. Sauerbeck, Vokalismus der Nebensilben. Heidelberg 1970.
Bd. I, T. II: H. Stopp u. a., Vokalismus der Nebensilben 2. Heidelberg 1973.
Bd. I, T. III: H. Stopp, Vokalismus der Nebensilben 3. Heidelberg 1978.

H. Paul, Mittelhochdeutsche Grammatik. 22., durchges. Aufl. von H. Moser u. I. Schröbler. Tübingen 1982.

H. Penzl, Frühneuhochdeutsch. Bern 1984 (= Germanistische Lehrbuchslg. Bd. 9).

G. Philipp, Einführung ins Frühneuhochdeutsche. Sprachgeschichte, Grammatik − Texte. Heidelberg 1980 (= UTB 822).

F. Saran, Das Übersetzen aus dem Mittelhochdeutschen. Eine Anleitung für Studierende, Lehrer und zum Selbstunterricht. 6., erg. Aufl. bearb. von B. Nagel. Tübingen 1975. (1. Auflage Halle 1930)

K. Weinhold, Mittelhochdeutsche Grammatik. 2. Aufl. Paderborn 1883. Nachdr. Darmstadt 1967. (Das Werk ist veraltet, wegen seiner Materialfülle aber immer noch zu benutzen.) (1. Aufl. Paderborn 1877)

K. Weinhold, Kleine mhd. Grammatik. 16., verb. Aufl. bearb. von H. Moser. Wien und Stuttgart 1972. (1. Aufl. Paderborn 1877)

K. Zwierzina, Mittelhochdeutsche Studien, in: ZfdA Bd. 40 (1900) S. 1−116; 249−316; 345−406. Bd. 45 (1901) S. 19−100; 253−313; 316−419. Bd. 63 (1926) S. 1−19. Nachdruck Hildesheim 1971.

J. Zupitza, Einführung in das Studium des Mittelhochdeutschen. 3. Aufl. neubearb. von F. Tschirch. Jena und Leipzig 1963. (1. Aufl. Breslau 1868)

Geschichte der deutschen Sprache:

A. Bach, Geschichte der deutschen Sprache. 9. Aufl. Heidelberg 1970. (1. Aufl. Leipzig 1938)

O. Behaghel, Geschichte der deutschen Sprache. 5. Aufl. Berlin u. Leipzig 1928 (Grundr. d. Germ. Phil. 3). (1. Aufl. 1891 in Pauls Grundriß)

C. Bosco/M. Sandra, Storia della lingua tedesca. 3 Bde. Turin 1977−1980.

H. Eggers, Deutsche Sprachgeschichte. Tl. 1: Das Althochdeutsche. 8. Aufl.
    Reinbek 1976. rde Nr. 185/186. Tl. 2: Das Mittelhochdeutsche. 7. Aufl.
    Reinbek 1976. rde Nr. 191/192. Tl. 3: Das Frühneuhochdeutsche.
    3. Aufl. Reinbek 1975. rde Nr. 270/271. Tl. 4: Das Neuhochdeutsche.
    Reinbek 1977. rde 375. (1. Aufl. 1963. 1965. 1969)
Th. Frings, Grundlegung einer Geschichte der deutschen Sprache. 3. Aufl.
    Halle 1957. (1. Aufl. 1948)
P. C. Kern und H. Zutt, Geschichte des deutschen Flexionssystems. Tübin-
    gen 1977.
F. Maurer / H. Rupp, Deutsche Wortgeschichte. 3 Bde. Bd. I u. II: 3., neu-
    bearb. Aufl. Berlin/New York 1974. Bd. III: Register (P. Hefti/Ch.
    Schmid). 3., neubearb. Aufl. Berlin/New York 1978. (früher: Maurer–
    Stroh)
H. Moser, Deutsche Sprachgeschichte. 6. Aufl. Tübingen 1969. (1. Aufl.
    Stuttgart 1950)
H. Moser, Annalen der deutschen Sprache von den Anfängen bis zur
    Gegenwart. 4. Aufl. Stuttgart 1972. Sammlung Metzler Bd. 5. (1. Aufl.
    1961)
P. v. Polenz, Geschichte der deutschen Sprache. Erw. Neubearb. der frühe-
    ren Darstellg. von Hans Sperber. 9., überarb. Aufl. Berlin/New York
    1978 (= Slg. Göschen Nr. 2206).
S. Sonderegger, Grundzüge deutscher Sprachgeschichte. Diachronie des
    Sprachsystems. – Bd. 1: Einführung – Genealogie – Konstanten. Ber-
    lin/New York 1979.
F. Tschirch, Geschichte der deutschen Sprache. Tl. 1: Die Entfaltung der
    deutschen Sprachgestalt in der Vor- und Frühzeit. 2., überarb. Aufl.
    Berlin 1971. Tl. II: Entwicklung und Wandlungen der deutschen Sprach-
    gestalt vom Hochmittelalter bis zur Gegenwart. 2., verb. und verm.
    Aufl. Berlin 1975. (Grundlagen der Germanistik 5. 9) (1. Aufl. 1966
    und 1969)

Wörterbücher zur deutschen Wortgeschichte und zu den älteren Sprach-
perioden

Deutsch allgemein:

Duden. Etymologie. Herkunftswörterbuch der deutschen Sprache. Hrsg.
    von P. Grebe. Mannheim 1963. (= Der Große Duden. Bd. 7.)
J. und W. Grimm, Deutsches Wörterbuch. 16 in 32 Bden. Leipzig 1854–
    1960, Neubearb. in Einzellief. Leipzig 1965 ff.

F. Kluge, Etymologisches Wörterbuch der deutschen Sprache. 21. Aufl. bearb. von W. Mitzka. Berlin 1975. (1. Aufl. Straßburg 1883)

L. Mackensen, Deutsches Wörterbuch. Rechtschreibung, Grammatik, Stil, Worterklärung, Fremdwörterbuch, Geschichte des Deutschen Wortschatzes. 9., völlig neu bearb. u. stark erw. Aufl. München 1977.

H. Paul, Deutsches Wörterbuch. 7. Aufl. von W. Betz. Tübingen 1976. (1. Aufl. Halle 1897)

G. Wahrig, Deutsches Wörterbuch. Mit einem „Lexikon der deutschen Sprachlehre". Neuaufl. Gütersloh 1977. (1. Aufl. 1966)

Germanisch/Althochdeutsch/Altsächsisch:

E. G. Graff, Althochdeutscher Sprachschatz oder Wörterbuch der althochdeutschen Sprache. 6 Tle. u. Index. derlin 1834—46, Nachdr. Hildesheim 1963.

F. Holthausen, Altsächsisches Wörterbuch. 2. Aufl. Köln 1967. (= Niederdeutsche Studien. Bd. 1) (1. Aufl. 1954)

E. Karg-Gasterstädt und Th. Frings, Althochdeutsches Wörterbuch. (6 Bde geplant) Bd. I (A, B), Berlin 1968.

G. Köbler, Germanisch-neuhochdeutsches und neuhochdeutsch-germanisches Wörterbuch. Gießen—Lahn 1981 (= Arbeiten zur Rechts- und Sprachwissenschaft 15).

G. Köbler, Germanisches Wörterbuch. 2. Aufl. Gießen—Lahn 1982 (= Arbeiten zur Rechts- und Sprachwissenschaft 12).

O. Schade, Althochdeutsches Wörterbuch. 2 Bde. 2. Aufl. Halle 1872—82, Nachdr. Hildesheim 1969.

R. Schützeichel, Althochdeutsches Wörterbuch. 3., durchges. u. verb. Aufl. Tübingen 1981.

Mittelhochdeutsch/Frühneuhochdeutsch:

G. F. Benecke/W. Müller/F. Zarncke, Mittelhochdeutsches Wörterbuch. 3 in 4 Bden. Leipzig 1854—66, Nachdr. Hildesheim 1963.

A. Götze, Frühneuhochdeutsches Glossar. Nachdr. der 7. Aufl. 1967, Berlin 1971.

M. Lexer, Mittelhochdeutsches Handwörterbuch. 3 Bde. Leipzig 1872—78, Nachdr. Stuttgart 1970 (sogen. „großer Lexer").

M. Lexer, Mittelhochdeutsches Taschenwörterbuch. 36. Aufl. (mit neubearb. u. erw. Nachträgen . . .). Stuttgart 1981 (sogen. „kleiner Lexer").

Einleitung

§ 1. Wie die meisten europäischen Sprachen gehört auch das Deutsche zum indogermanischen Sprachstamm, und zwar zu der engeren Gruppe der germanischen Sprachen. Das Germanische oder Urgermanische, das vor allem durch eine Veränderung des Konsonantensystems (erste oder germanische Lautverschiebung s. § 16) von den übrigen idg. Sprachen unterschieden ist, spaltet sich in zahlreiche germanische Einzelsprachen oder Dialekte auf. Die Sprachwissenschaft unterscheidet gern drei große Zweige des Germanischen: das Nordgermanische, das Ostgermanische und das Westgermanische[1]).

Während für die bisher erwähnten Stufen der Sprachentwicklung schriftliche Zeugnisse fehlen, und wir also bei ihrer Erschließung und Feststellung allein auf die vergleichende Sprachwissenschaft angewiesen sind, kennen wir manche der germanischen Einzelsprachen in ihren ältesten Formen recht gut.

Den ältesten Zustand einer nordgermanischen Sprache repräsentiert das Urnordische der ältesten Runeninschriften und — jünger, aber viel breiter überliefert — das Altnordische, die Sprache einer sehr bedeutenden Literatur: der Edda, der Skaldendichtungen und der Sagas[2]).

Die ostgermanischen Sprachen vertritt das Gotische. Seine Kenntnis verdanken wir vor allem der Bibelübersetzung des Gotenbischofs Wulfila. Als älteste uns

---

[1]) Vgl. H. Krahe, Germanische Sprachwissenschaft, Sammlung Göschen 238 und 780.
[2]) F. Ranke—D. Hofmann, Altnordisches Elementarbuch, Sammlung Göschen 2214.

zusammenhängend überlieferte germanische Sprache steht das Gotische dem Urgermanischen besonders nahe[1]).

Von den westgermanischen Sprachen (Altenglisch, Altfriesisch, Altniederfränkisch, Altsächsisch) interessiert uns besonders das Althochdeutsche, stellt es doch den frühesten Zustand (750—1050) unserer hochdeutschen Sprache dar[2]). Diese althochdeutsche Periode geht der mittelhochdeutschen (1050—1500) unmittelbar voran.

Wollen wir also das Mittelhochdeutsche in seiner historischen Entwicklung zeigen und verstehen, so müssen wir über das Althochdeutsche und die den westgermanischen Sprachen gemeinsame Stufe zum Urgermanischen zurückgehen und von dort aus weiter zur indogermanischen Ursprache.

§ 2. Der hochdeutsche Sprachraum wird im Norden durch das niederdeutsche Sprachgebiet begrenzt. Bis hierher gilt der für die hochdeutsche Sprache charakteristische Konsonantenstand, der durch die zweite oder hochdeutsche Lautverschiebung geschaffen wurde (s. §§ 18—22). Der Anstoß zu diesem Konsonantenwandel erfolgte im Süden des hochdeutschen Sprachraumes; nach Norden zu verebbte die Sprachbewegung. Von den Verschiebungen der Tenues p, t, k zu den entsprechenden Reibelauten — dem wichtigsten Akt der hochdeutschen Lautverschiebung—ist die von $k > ch$ (*maken* > *machen*) am weitesten nach Norden vorgestoßen bis zu der sog. „Benrather Linie" (vgl. §§ 240—243).

Die Bezeichnung „Benrather Linie" wurde von dem Mundartenforscher G. Wenker eingeführt, da die Grenze zwischen Hochdeutsch und Niederdeutsch den Rhein bei Benrath kreuzt.

---

[1]) H. Hempel, Gotisches Elementarbuch, Sammlung Göschen 79/79a.
[2]) Naumann-Betz, Althochdeutsches Elementarbuch, Sammlung Göschen 1111/1111a.

Diese „Linie", die eigentlich mehr eine Übergangszone ist und die im Laufe der Jahrhunderte ständigen Veränderungen unterworfen war, geht quer durch Deutschland: von der französischen Grenze bei Eupen zieht sie nordwestlich an Aachen vorüber, trifft den Rhein bei Benrath, verläuft dann nördlich von Kassel, südlich von Göttingen und Halberstadt, kreuzt zwischen Magdeburg und Wittenberg die Elbe, bei Lübben die Spree, bei Fürstenberg die Oder und stößt bei Birnbaum auf die östliche Grenze des deutschen Sprachgebietes. In mittelhochdeutscher Zeit verlief die Grenze, namentlich in ihrem östlichen Teil, weiter südlich.

§ 3. Schon die althochdeutschen Denkmäler überliefern uns keine einheitliche hochdeutsche Normalsprache, sondern einige recht verschiedene Mundarten. Im Mittelhochdeutschen treten noch weitere Dialekte hinzu, die teilweise erst in mittelhochdeutscher Zeit entstanden sind (so die ostmitteldeutschen Mundarten im Zuge der Ostkolonisation) oder auch erst jetzt, da das Schreiben eine verbreitetere Kunst wurde, zum ersten Male fixiert wurden.

Die wichtigsten Mundarten des Mittelhochdeutschen sind:

1. oberdeutsche Mundarten
   Alemannisch, Bairisch-Österreichisch;
2. mitteldeutsche Mundarten
   a) Westmitteldeutsch
      Mittelfränkisch (Ripuarisch und Moselfränkisch)
      Oberfränkisch (Rheinfränkisch u. Ostfränkisch)[1]),
   b) Ostmitteldeutsch
      Thüringisch, Obersächsisch-Böhmisch, Schlesisch.
      Eine Karte befindet sich am Ende des Bandes.

Die wichtigsten mundartlichen Sonderheiten s. §§ 240—246.

---

[1]) Das Ostfränkische wird auf Grund des Konsonantenstandes (vgl. §§ 242. 243) auch häufig zum Oberdeutschen gerechnet.

§ 4. Nicht nur in räumlicher, sondern auch in zeitlicher Hinsicht ist das Mittelhochdeutsche keine Einheit. Wir unterscheiden drei Perioden:

etwa 1050—1170 Frühmittelhochdeutsch
etwa 1170—1350 Mittelhochdeutsch der klass. Zeit
etwa 1350—1500 Spätmittelhochdeutsch.

Diese Periodenbildung geschieht im Grunde mehr aus literarhistorischen als aus sprachlichen Erwägungen. Der sprachliche Übergang von einer Epoche zur anderen ist ganz allmählich erfolgt. Andere Forscher rechnen die Periode von 1350—1500 schon zum Frühneuhochdeutschen.

Der Hauptunterschied des Mittelhochdeutschen gegenüber dem Althochdeutschen liegt in der Abschleifung der vollen Endsilbenvokale zu farblosem *e*. Diese Abschwächung beginnt bereits in spätalthochdeutscher Zeit, sie ist jedoch auch in frühmittelhochdeutschen Werken noch nicht überall durchgedrungen; der althochdeutsche Lautstand ist in Sprachdenkmälern des 11. und frühen 12. Jahrhunderts — auf alemannischem Sprachgebiet auch noch weit später — teilweise bewahrt. Die frühmittelhochdeutsche Dichtung ist, wie die althochdeutsche Literatur, mundartlich gebunden und erleichtert damit oft die Beantwortung der Frage nach der Heimat des Verfassers und nach dem Entstehungsort des Werkes.

Anders die Dichtungen der klassischen mittelhochdeutschen Zeit! Zwar gibt es auch aus dem 13. Jahrhundert Werke, die in der Mundart des Verfassers geschrieben sind oder solche, die durchaus sichtbare dialektische Spuren aufweisen; aber es sind meist literarisch weniger bedeutsame Dichtungen. Die berühmten Schöpfungen der höfischen Kultur, die Epen Hartmanns von Aue, Gottfrieds von Straßburg, Wolf-

rams von Eschenbach, das Nibelungenlied, die Kudrun,
die Minnelieder Reinmars von Hagenau, die Lieder und
Sprüche Walthers von der Vogelweide, sind in einer
Sprache gedichtet, die von mundartlichen Einflüssen
weitgehend frei ist und die wir die „mittelhochdeutsche
Dichtersprache" nennen. Nur der Geschulte vermag an
kleinen Eigentümlichkeiten der Sprache zu erkennen,
welche Mundart ein solcher Dichter im täglichen Leben
gesprochen haben mag. Diese Dichtersprache, die im
wesentlichen auf der alemannischen Mundart beruht,
ist das eigentlich „klassische Mittelhochdeutsch", das
von zahlreichen Epigonen bis ins 14. Jahrhundert hinein
gepflegt wurde. Dieses klassische Mittelhochdeutsch
wollen wir zur Grundlage unserer Grammatik machen.

In spätmittelhochdeutscher Zeit geht das Streben
nach einer einheitlichen Dichtersprache allmählich
wieder verloren. Das Mundartliche, das in den Werken
der klassischen Zeit fast ganz zurücktrat, herrscht
wieder in allen Schriftwerken dieser Periode manchmal
mit sehr grobmundartlichen Zügen vor, bis die neuhoch-
deutsche Schriftsprache — auf ostmitteldeutschem
Boden aus mancherlei Antrieben erwachsen — die
Dichtung endgültig erobert.

1. Teil: Lautlehre

A. Betonung, Schreibung und Aussprache

§ 5. Die mhd. Sprache gleicht in Betonung, Schreibung und Aussprache weitgehend der nhd.; einige wichtige Abweichungen des Mhd. vom Nhd., die bei der
Lektüre eines mhd. Textes beachtet werden müssen,
sollen im folgenden angeführt werden.

ı. Betonung

§ 6. Das Germanische führte — im Unterschied zu
der wechselnden Betonung des Idg. — die Anfangsbetonung ein: der Hauptakzent liegt in allen germ.
Sprachen, so auch im Hochdeutschen, stets auf der
ersten Silbe des Wortes. Eine Ausnahme von dieser
Regel bilden nur die untrennbaren Verbalkomposita und
die davon abgeleiteten Substantiva; hier trägt die Wurzelsilbe den Akzent, z. B. mhd. *erlóuben, erlóubunge.* Nominal-
komposita und davon abgeleitete Verba zeigen dagegen
die übliche Erstbetonung, z. B. *ántwürte, ántwürten.*

Das Mhd. kennt noch nicht die nhd. Akzentverschie-
bungen in *lebéndig, Holúnder, Wachólder, Forélle, Hor-
nísse* — mhd. *lébendec, hólunder* (gekürzt zu *hólder*),
wécholter, fórhel, hórnuȝ. — Fremdwörter und fremde
Eigennamen bewahrten im Mhd. lange Zeit ihre ursprüngliche Betonung (*Abél, Davíd, Adám*), wurden
aber auch oft germanisiert und erhielten die Anfangsbetonung: *María > Márja*; lat. *capélla* > mhd. *kapélle*
oder *kápëlle.* Die germanisierten Formen mit Anfangsbetonung sind häufig die Grundlage für Orts- und
Kirchennamen, z. B. *Kápelle* bei Würzburg, *St. Märgen.*

§ 7. In mehrsilbigen Wörtern erscheint neben dem
Hauptton häufig ein Nebenton: *sénedærìnne.* Dieser
Nebenton findet sich regelmäßig bei Substantiven mit
Ableitungssilben wie *-ære (sénedæ̀re), -unge (wándelùnge),
-inne (künegìnne), -lîn (búochelîn)* usw. Diese einen
Nebenton tragenden Silben spielen in der mhd. Metrik
eine wichtige Rolle.

§ 8. Einen starken Einfluß auf die Gestalt kleinerer,
meist unwichtiger Wörter hat die Betonung eines ganzen

Satzes oder Verses. In unbetonter Stellung erleiden hier Adverbia, Präpositionen, Pronomina, ja selbst Substantiva Abschwächungen. So stehen nebeneinander: *zuo — ze; alsô — alse, als; ieman — iemen; niemêr — niemer; siu — si, se; wërelt — wërlt; hërre, vrouwe — hër, vrou* (vor Eigennamen). — Die Abschwächung kann zur Proklise oder Enklise des unbetonten Wortes führen (d. h. das unbetonte Wort gibt seine Eigenständigkeit auf, es lehnt sich bis zu völliger Verschmelzung an das folgende [Proklise] bzw. das vorangehende Wort [Enklise] an), z. B. *ine < ich ne, dêr < daz ër, deich < daz ich; bistu < bist du, dôs < dô sie, ime < in dëme.*

§ 9. Die Sprachwissenschaft unterscheidet lange und kurze Wurzelsilben oder Wurzeln (§ 66):

Eine Wurzelsilbe ist lang, wenn sie einen langen Vokal oder Diphthong enthält (*sê, huon*) oder wenn auf einen kurzen Wurzelvokal Doppelkonsonanz folgt (*hant*).

Eine Wurzelsilbe ist kurz, wenn auf einen kurzen Wurzelvokal nur eine einfache Konsonanz folgt (*tac*).

Eine andere Einteilung der Haupttonsilben ergibt sich, wenn wir von der Dauer der Aussprache als Ordnungsprinzip ausgehen. Hierbei ist die etymologisch richtige Abgrenzung der Wurzelsilbe nicht wichtig; denn häufig wird der wurzelschließende Konsonant zur folgenden Silbe gezogen; z. B.

etymologisch: *hand-en*	—	aussprachemäßig: *han-den*
tag-es	—	*ta-ges*
brenn-en	—	*bren-nen.*

Als lange Tonsilben gelten:

1. offene Silben, die auf langen Vokal oder Diphthong ausgehen (mhd. *vrâ-ge, sê, sê-wes, vüe-gen*);

2. geschlossene (d. h. auf einfache oder mehrfache Konsonanz endende) Silben mit kurzem oder langem

Vokal bzw. Diphthong (mhd. *spil, waȝ-ȝer, hant, arm, dâh-te, guot*).

Als kurze Tonsilben bezeichnet man

offene Silben, die auf einen kurzen Vokal ausgehen (mhd. *lë-ben, wo-nen, kü-nec, vo-gel*).

Das Nhd. hat diese kurzen offenen Tonsilben, die im Mhd. sehr häufig sind, beseitigt. Der Vokal wurde entweder gedehnt (mhd. *lë-ben* > nhd. *lë-ben*) oder es wurde — durch Dehnung des anlautenden Konsonanten der folgenden Silbe — eine geschlossene Silbe erzeugt (mhd. *ha-mer* > nhd. *Ham-mer*, mhd. *si-te* > nhd. *Sit-te*).

2. Schreibung und Aussprache

§ 10. Der Wiedergabe deutscher Sprachlaute durch das lat. Alphabet standen zunächst manche Schwierigkeiten entgegen, da einige deutsche Laute in den lat. Buchstaben keine Entsprechung fanden. So fehlten dem lat. Alphabet Zeichen für die Umlaute *ü, ö, ä* und auch die Zeichen für *w* und *ch*. Diese Laute mußten aber von den deutschen Schreibern irgendwie bezeichnet werden; das geschah, jedoch auf eine sehr verschiedenartige Weise, so daß wir eine große Vielfalt der Orthographien in den ahd. und mhd. Handschriften finden. Unsere modernen Ausgaben — vor allem die der klassischen Werke — bereinigen diese willkürlichen, unbeholfenen und oft sogar innerhalb einer Handschrift schwankenden Schreibungen und bieten uns den Text in einer normalisierten Orthographie, die für die einzelnen Laute die folgenden Zeichen verwendet.

§ 11. Vokale. Es werden bezeichnet:

kurze Vokale durch *a, e, i, o, u*;
lange Vokale durch *â, ê, î, ô, û*;

Umlaute kurzer Vokale durch übergesetzte Punkte
(Rest eines übergeschriebenen *e*): *ö, ü*; vgl. auch
§ 13,1; 4.

Umlaute langer Vokale durch die Ligaturen *æ, œ*
und durch *iu* (< *û*);

Diphthonge durch *ei, ie, ou, öu, uo, üe* (*iu*).

Die kurzen und langen Vokale und auch die Umlaute
gleichen in der Aussprache ungefähr den entsprechenden
nhd. Lauten. Über die Aussprache der Vokale in kurzen
offenen Silben vgl. § 9. Wie die anderen Diphthonge
wurde *ie*, das im Nhd. eine Monophthongierung erfuhr,
im Mhd. noch durchaus als Zwielaut gesprochen, mhd.
li-eben, nhd. *lieben*. Nur *iu* < germ. *eu* ist seiner lautlichen Geltung nach kein Diphthong mehr, sondern ein
langer *ǖ*-Laut, der in Schreibung und Aussprache mit
dem aus germ. *û* entstandenen Umlaut *iu* zusammengefallen ist.

§ 12. Folgt auf einen *u*-haltigen Diphthong ein *w*, so
wird manchmal in den gedruckten Texten — dem
handschriftlichen Gebrauch entsprechend — *ow, öw, ew,
iw* statt *ouw, öuw, euw, iuw* gesetzt (*vrowe* statt *vrouwe*,
triwe statt *triuwe*). Das ändert aber an dem Lautwert
nichts, es handelt sich nur um eine vereinfachte Schreibung.

§ 13. Das Mhd. besitzt sechs phonetisch verschiedene
e-Laute:

1. Primäres Umlauts-*e* (§ 44), ein geschlossenes kurzes *e*,
   das in der Aussprache dem *i* nahesteht. Schreibung
   in Grammatiken oft *ę*.
2. Das *e* der unbetonten Silben, das aus den ahd. vollen
   Endsilbenvokalen durch Abschwächung entstanden
   ist (§ 59), hat, wie auch im Nhd., eine unbestimmte
   Klangfarbe. In md. Handschriften wird dieser Laut

oft durch *i* bezeichnet, was darauf hindeutet, daß
er hier eine helle, zwischen *e* und *i* liegende Klangfarbe hatte.

3. Altes *ë* (aus dem Idg. ererbt oder durch Brechung
   aus *i* entstanden; § 39, 2; 3), über Aussprache vgl.
   § 165.
4. Sekundärumlaut aus ahd. *a* (§ 44) = *ä*, sehr offen,
   wie nhd. *ä*, in Texten meist *e* geschrieben.
5. Umlaut aus ahd. *â* (§ 44) = *æ*, in der Klangfarbe
   dem *ä* entsprechend, aber gedehnt.
5. *ê* < germ. *ai* (§ 49), in der Klangfarbe dem *ë* entsprechend.

§ 14. Konsonanten

	Verschlußlaut		Reibelaut (= Spirans)		Affrikata (= stimmloser Verschluß-, +entsprechender Reibelaut)	Sonorlaute
	stimm-los (Tenuis)	stimm-haft (Media)	stimm-los	stimm-haft		
Labial	p	b	f (v, ph)	w (v)	pf (ph)	m
Dental	t	d	s	s	tz, zz, z	n
			sch (sc, sk)			r
			ʒ			l
Guttural	k (c, q)	g	ch, h	j (g)	kch, c(c)h	ng, nk

Hauchlaut: h
x und y werden fast nur in Fremdwörtern gebraucht

1. Die Affrikata *pf* wird auch *ph* geschrieben.

2. Der stimmlose Reibelaut *f* wird durch *f* oder *v*
(selten durch *ph*) bezeichnet. Im Auslaut und in der
Gemination findet sich stets *f*; ferner steht *f* meist dort,
wo die Spirans aus dem Germ. ererbt ist (< idg. *p*,
vgl. § 16). — In md. Texten kann zwischenvokalisches *v*
den stimmhaften Reibelaut *ƀ* meinen, der hier nicht
immer zum Verschlußlaut *b* geworden ist (§ 164).

3. *z* hat in den Texten zwei Funktionen. Es bezeichnet entweder die Affrikata, die in- und auslautend

auch *tz* oder *zz* geschrieben werden kann, oder die stimmlose Spirans *s*, soweit sie durch Verschiebung aus *t* entstanden ist (§ 20). In den Grammatiken wird dieser *s*-Laut gern mit ʒ, die Affrikata mit *z* bezeichnet, um Verwechslungen zu vermeiden.

4. Die ahd. Lautgruppe *sk* erfährt zum Mhd. hin einen qualitativen Wandel zu *sch* (= nhd. *sch*). Neben *sch*-Schreibungen finden wir jedoch noch lange alte Bezeichnungen wie *sk, sc, sh*, im Md. *sg*. — Eine ähnliche Tendenz des *s* in den *sch*-Laut überzugehen, die allerdings erst im Spätmhd. zur vollen Auswirkung kommt, zeigt sich in den Lautverbindungen *st, sp* (im Anlaut), *sl, sm, sn, sw*. Im klassischen Mhd. heißt es noch stets *slüʒʒel, snël, s-tein* gegenüber nhd. *Schlüssel, schnell, S(ch)tein*.

5. Die Tenuis *k* wird auch durch *c* ausgedrückt, doch steht *k* stets im Silbenanlaut, *c* im Silbenauslaut (*kunst, danc*).

6. Mhd. *h* im Silbenanlaut ist Hauchlaut wie nhd. *h* (*hôch, nâ-he*), im Silbenauslaut und in den Verbindungen *hs* und *ht* bezeichnet es den Reibelaut = nhd. *ch*. Doch ist im Mhd. die *ch*-Schreibung schon sehr verbreitet (*sprach* neben *sprah*).

7. *g* bezeichnet meist die Media *g* (*guot*), in einigen Mdaa. kann es jedoch auch den stimmhaften, dem *j* nahestehenden Reibelaut *g̣* bedeuten (§ 17), für den das Mhd. kein besonderes Zeichen hat.

8. Das mhd. *j*, das in den Hss. durch *i, j* oder *y* wiedergegeben und in den normalisierten Texten allgemein als *j* geschrieben wird, ist im Mhd. schon durchaus stimmhafte Spirans wie im Nhd. In einigen Fällen ist das spirantische *j* zum Verschlußlaut gewandelt worden: vor *i* (oder *e*) im Wurzelanlaut (*jëhen — gihe*), in

der Nebentonsilbe *-ije* > *ige* (*kev(i)je* > *kevige*) und
in den Lautgruppen *rj, lj* (*verje* > *verge*). Bei anderen
g-Schreibungen für *j* läßt sich nicht immer mit Sicher-
heit entscheiden, ob es sich nur um eine Schreibungs-
eigentümlichkeit (*g* für *j*) oder um einen Lautwandel
(*j* > *g*) handelt.

B. Entwicklung des Konsonantensystems

§ 15. Das Entstehen des hochdeutschen Lautstandes
aus dem Idg. über die germ. und westgerm. Zwischen-
stufe läßt sich an der Veränderung des Konsonantensystems besonders deutlich beobachten und darstellen.
Denn bei den Konsonanten sind die eigentlichen sprach-
bestimmenden Lautwandlungen erfolgt. Auf diesem seit
ahd. Zeit festbleibenden Konsonantenstand beruht
andererseits die Einheit der deutschen Sprache in ihren
verschiedenen Entwicklungsstadien; die Konsonanten
des Nhd. haben gegenüber denen des Ahd. und Mhd.
nur noch unbedeutende Wandlungen erfahren. — Die
beiden entscheidenden Vorgänge innerhalb der Kon-
sonantenentwicklung vom Idg. bis zum Deutschen bezeichnen wir als „Lautverschiebungen"[1].

1. Erste oder germanische Lautverschiebung

§ 16. Von der ersten Lautverschiebung, die vielleicht
schon im 2. Jahrtausend vor Chr. begann, wurden im
wesentlichen drei Konsonantengruppen betroffen:

die Tenues (stimmlose Verschlußlaute)   *p t k*,
die Mediae (stimmhafte Verschlußlaute)   *b d g*,
die aspirierten Mediae (behauchte stimm-
    hafte Verschlußlaute)   *bh dh gh*.

---

[1] Vgl. H. Krahe a. a. O. I. §§ 59—66 und 87.

In der ersten Lautverschiebung wurden:

idg. *p(h) t(h) k(h)* > germ. *f þ h*
     b   d   g   >   *p t k*
     bh dh gh   >   *ƀ đ ǥ* (> *b d g*).

Bei den folgenden Beispielen gibt das Lat. den idg. Lautstand an:

idg. ***por-** (lat. **portāre**) = got. ahd. **faran,** „fahren";

idg. ***u̯ert-** „wenden" (lat. **vertere**) = got. **wairþan,** ahd. **wёrdan** (vgl. § 22) „werden";

idg. ***ku̯on-/kun-** (lat. **canis**) = got. **hunds,** ahd. **hunt,** „Hund";

idg. ***dheub-,** in got. **diups,** ahd. **tiof** (vgl. § 20) „tief";

idg. ***pōd-** (lat. **pēs, pedis**) = got. **fōtus,** ahd. **fuoȝ** (§ 22) „Fuß";

idg. ***agros** (lat. **ager**) = got. **akrs,** ahd. **akar, ackar** „Acker".

idg. ***bherō** (lat. **ferō**) = got. **baira,** ahd. **biru** „trage";

idg. ***medhi̯os** „mitten" (lat. **medius**) = got. **midjis,** ahd. **mitti** (vgl. §§ 21, 29;2) „mittlerer";

idg. ***ghostis** „Fremdling" (lat. **hostis** „Feind") = got. **gasts,** ahd. **gast** „Gast".

Der idg. Labiovelar *q̯* erscheint im Germ. als *hw* (got. *h* ahd. anlautend *(h)w,* inlautend *h* (vgl. § 25). Beispiele: idg. **q̯od* (lat. **quod**) = got. **hwa,** ahd. **hwaȝ** (> **waȝ**) „was"; idg. *seq̯-* „folgen" (lat. **sequi**) = got. **saihvan,** ahd. **sёhan** „sehen".

In den Lautgruppen *sp st sk* ist die Verschiebung der Tenues zu den entsprechenden stimmlosen Spiranten nicht eingetreten. Über die Sonderentwicklung der Konsonantenverbindungen germ. *ft, ht* s. § 27.

§ 17. Die stimmhaften Spiranten *ƀ đ ǥ* wurden schon sehr bald nach ihrer Entstehung, also schon im Germ., teilweise weiterverschoben zu den entsprechenden Medien *b d g*. Diese Veränderung ist jedoch nicht bei allen

drei Lauten in gleichem Maße durchgeführt worden,
und sie ist auch in den einzelnen germ. Dialekten verschieden weit gegangen. Im Westgermanischen ist d in
allen Stellungen zum Verschlußlaut d geworden, $\dhbar$ und g
dagegen nur im Anlaut, in Nasalverbindung und in der
Gemination. g bewahrte seine spirantische Aussprache
in einigen Mdaa. auch im Wortanlaut (vgl. § 164).

2. Zweite oder hochdeutsche Lautverschiebung

§ 18. Während sich durch die erste Lautverschiebung
die germ. Ursprache, die gemeinsame Grundlage aller
germ. Einzelsprachen, aus der idg. Sprachenfamilie
herauslöste, gewann durch die zweite Lautverschiebung, die um 600 im alemannischen Raum begann, das
Hochdeutsche innerhalb des westgermanischen Sprach-
verbandes seine eigenständige Sprachform. Das Niederdeutsche hat die hochdeutsche Lautverschiebung nicht
mitgemacht, also den westgerm. Konsonantenstand
bewahrt (Ausnahme: $\flat > d$ auch im Ndd.). Es heißt
noch heute im Ndd. *ik* gegen hd. *ich*, ndd. *slāpen* gegen
hd. *schlāfen*, ndd. *dat* gegen hd. *das*.

§ 19. Durch die hochdeutsche Lautverschiebung erfuhren dieselben Konsonanten Veränderungen, die schon
in der germ. Lautverschiebung abgewandelt wurden.
Dabei sind die Dentale am beweglichsten, die Gutturale
am zurückhaltendsten.

$$
\begin{array}{llll}
\text{germ. } \flat \; t \; k & < \text{idg. } b \; d \; g \\
\quad\quad f \; \flat \; h & < \quad\quad \flat \; t \; k \\
\quad b \; d \; g < \dhbar \; d \; g < & \quad\quad bh \; dh \; gh.
\end{array}
$$

§ 20. Von diesen drei Konsonantengruppen sind die
Tenues $\flat, t, k$ am entschiedensten verändert worden,
ja ihre Umformung ist der eigentlich sprachbestim-
mende Akt der hd. Lautverschiebung. — Die Tenues

erfahren eine zwiefache Verschiebung; die Stellung im Wort bestimmt die Art ihrer Verschiebung.

a) Die Verschiebung zur Doppelspirans:

$$p > ff,$$
$$t > \mathfrak{z}\mathfrak{z}$$
$$k > hh, ch, h$$

erfolgt

      1. inlautend zwischen Vokalen,
      2. auslautend nach Vokal.

Sie erstreckt sich über das gesamte hochdeutsche Gebiet. Im Auslaut und nach langem Vokal wurde die Doppelspirans oft vereinfacht.

Beispiele:

as. *skipes*, ahd. *sciffes*, mhd. *schiffes* „Schiffes";
as. *skip*, ahd. *scif*, mhd. *schif* „Schiff";
as. *lātan*, ahd. *lâʒan*, mhd. *lâʒen* „lassen";
as. *lēt*, ahd. *liaʒ*, mhd. *lieʒ* „ließ";
as. *makon*, ahd. *mahhôn, machôn*, mhd. *machen* „machen";
as. *ik*, ahd. *ich, ih*, mhd. *ich, ih* „ich";.

b) Die Verschiebung zur Affrikata: $p > pf, ph$
                                       $t > tz, zz, z$
                                       $k > kch, ch$

erfolgt

     1. im Anlaut,
     2. in der Verdopplung (Gemination),
     3. in Verbindung mit anderen Konsonanten (vor allem Liquiden oder Nasalen).

Diese Verschiebung greift bei den drei Tenues verschieden weit.

Nur die Verschiebung $t > tz$ hat den ganzen hochdeutschen Sprachraum erfaßt.

Die Verschiebung $p > pf$ ist nur im Oberdeutschen und Ostfränkischen und teilweise in den ostmd. Mdaa. durchgedrungen (vgl. § 163). Beim Übergang vom Ahd. zum Mhd. wird *pf* nach *l* und *r* häufig zu *f* (ahd. *hëlphan*, mhd. *hëlfen*).

Die Verschiebung von *k* zur Affrikata *kch* trat nur in den bairischen und alemannischen Alpengegenden ein.

Beispiele:

as. *tīd*, ahd. *ʒît*, mhd. *ʒît* „Zeit";

as. *sittian*, ahd. *sitʒen*, mhd. *sitʒen* „sitzen";

as. *swart*, ahd. *swarʒ*, mhd. *swarʒ* „schwarz";

as. *plōh*, ahd. *pfluog*, mhd. *phluoc* „Pflug";

as. *skeppian*, ahd. *skephen*, mhd. *schepfen* „schöpfen" = *haurire*;

as. *scarp*, ahd. *s(c)arph*, mhd. *scharpf, scharf* „scharf";

as. *kind*, ahd. *chind* (obd.), *kind* (fränk.), mhd. *chint, kint* „Kind";

as. *wekkian*, ahd. mhd. *wecchen* (obd.), *wecken* (fränk.) „wecken";

as. *wërk*, ahd. *wërch*, (obd.), *wërk* (fränk.), mhd. *wërch, wërc* „Werk".

In den Lautverbindungen *sp, st, sk, ft, ht, tr* wurden *p, t, k* nicht verschoben (got. *stains* — ahd. mhd. *stein*; got. *nahts* — ahd. mhd. *nacht*).

§ 21. Von den Medien *b, d, g* wurde nur *d* in der zweiten Lautverschiebung wesentlich verändert: $d > t$ (vgl. auch § 164); z. B. as. *dag*, ahd. *tag*, mhd. *tac* „Tag"; as. *biddian*, ahd. mhd. *bitten* „bitten".

Auch bei *b* und *g* zeigen sich Ansätze zu einer Verschiebung zu den entsprechenden Tenues: *b* wurde im Obd. zunächst weitgehend zu *p*, *g* häufig zu *k* (*c*) verhärtet. In spätahd. Zeit wird diese Entwicklung wieder rückgängig gemacht, nur im Anlaut finden sich im Obd. bis ins Mhd. hinein *p*-Schreibungen (vgl. § 164). — In der Gemination setzen sich im obd. und schlesischen Sprachgebiet die Tenues durch: *bb* > *pp*, *gg* > *ck*; z. B. as. *sibbia*, ahd. *sibba, sippa*, mhd. *sibbe, sippe*; as. *hruggi*, ahd. *(h)ruggi, rucki*, mhd. *rügge, rücke* „Rücken" (§ 164).

§ 22. Von den stimmlosen Spiranten *f*, *þ*, *h* wird nur der Dental verschoben: *þ* (*th*) > *d*. Diese Entwicklung setzt erst im 9. Jahrhundert ein, und sie greift über den hochdeutschen Sprachraum hinaus ins Ndd. und sogar ins Skandinavische; sie wird daher von einigen Forschern nicht zur hochdeutschen Lautverschiebung gerechnet.

Z. B. engl. *that*, ndd. *dat*, nhd. *das*; engl. *brother*, ndd. *broder*, nhd. *Bruder*.

Tabelle 1

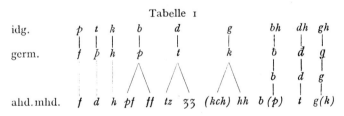

3. Grammatischer Wechsel

§ 23. ‚Grammatischen Wechsel' nannte Jakob Grimm eine Erscheinung, die im Ahd. und Mhd. eine große Rolle spielt und deren Nachwirkung auch im Nhd. noch festzustellen ist. In verschiedenen Formen desselben Wortes oder Angehörigen derselben Wortgruppe können zwei bestimmte, miteinander verwandte Konsonanten abwechselnd auftreten, z. B. nhd. *ich ziehe — wir zogen, die Schneide — der Schnitt.*

§ 24. Die Entstehung dieses ‚Grammatischen Wechsels' hängt mit dem idg. freien Akzent zusammen. Die durch die germ. Lautverschiebung aus *p, t, k* entstandenen stimmlosen Spiranten *f, þ, h* wurden zu den stimmhaften Spiranten *ƀ, đ, g* erweicht, wenn sie in stimmhafter Nachbarschaft standen und wenn im Idg. der unmittelbar vorhergehende Vokal nicht den Hauptton trug. Unter den gleichen Bedingungen wurde der aus dem Idg. ererbte stimmlose Spirant *s* zu germ. *z* (= stimmhafter Spirant) erweicht.

Dieses Gesetz der Spirantenerweichung wurde von dem Dänen Karl Verner erkannt und heißt nach ihm ‚Vernersches Gesetz'. — Wenn in der Wort- oder Formenbildung ein so erweichter Spirant neben einem normal verschobenen stimmlosen Spiranten auftaucht, sprechen wir von ‚Grammatischem Wechsel', so nhd. *Hannóver* mit stimmloser Spirans gegen *Hannoveráner* mit stimmhafter Spirans.

§ 25. Bereits im Urgerm. steht also

$$f \quad \text{neben} \quad ƀ \quad (< \text{idg. } p)$$
$$þ \quad \text{neben} \quad đ \quad (< \text{idg. } t)$$
$$h \quad \text{neben} \quad g \quad (< \text{idg. } k)$$
$$s \quad \text{neben} \quad z \quad (< \text{idg. } s)$$

in Worten, die aus derselben Wurzel erwachsen sind.

Die erweichten Spiranten *ƀ, đ, g* unterliegen denselben Veränderungen wie die aus idg. *bh, dh, gh* entstandenen stimmhaften Spiranten (vgl. §§ 17. 21). Germ. *z* wurde im Westgerm. inlautend zu *r* gewandelt (sog. Rhotazismus), während es auslautend schwand.

Im Ahd. und Mhd. tritt also grammatischer Wechsel auf zwischen

f — b mhd. *(be)dürfen — darben*
d — t   *snîde — snite*
h — g   *swëher* „Schwiegervater" *— swâger*
s — r   *genësen* „am Leben bleiben" *— nern*
              „nähren".

Die aus idg. q^u entstandene Lautgruppe germ. *hw* wurde
ebenfalls — unter den bestimmten Bedingungen — von der
Spirantenerweichung betroffen, so daß neben germ. *hw*
germ. *gw > gw* stand. Beide Lautgruppen erfuhren eine Ent-
lastung: intervok. *hw > h*, intervok. *gw > w*. So entstand ein
Wechsel zwischen *h* und *w*, z. B. ahd. *sëhan — gisëwan* (Part.
Prät.), meist schon ahd. Ausgleich: *gisëhan*. Im Mhd. ist bis
auf wenige Ausnahmen bereits Ausgleich zugunsten der Spirans
eingetreten (*sëhen — gesëhen*). Reste des ‚grammatischen Wechsels' *h — w*: z. B. mhd. *lîhen — geliwen* neben *gelîhen*; *ahe*
„Fluß, Wasser" (< ahd. *aha* < westgerm. **ahwō) — ouwe*
„von Wasser umflossenes Land, Aue" (< ahd. *ouwa, auwa*
< westgerm. **awwjō* < germ. **agwjō*).

§ 26. <u>Der grammatische Wechsel ist besonders</u>
<u>häufig bei den starken Verben zu beobachten.</u> Während
Präs. und Sg. Prät. Ind. den germ. stimmlosen Spiranten
aufweisen, finden wir im übrigen Prät. die Spirantenerweichung durchgeführt (vgl. § 121), z. B. *kiesen,*
kôs — kurn, gekorn. — Schon ahd., erst recht mhd.
und nhd., wurde der grammatische Wechsel im Flexionsschema der starken Verben oft zugunsten eines der
beiden wechselnden Konsonanten ausgeglichen.

4. Primäre Berührungseffekte

§ 27. Die Berührung zweier Konsonanten, die schon
vom Zeitpunkt der Entstehung des Wortes oder der
Wortform an unmittelbar zusammenstanden, nennen
wir Primärberührung. In bestimmten Fällen solcher
Primärberührungen traten schon im Idg. lautliche Veränderungen ein, deren Wirkung noch im Mhd. und Nhd.
spürbar ist.

§ 28. Trafen im Idg. gutturale Media und *t* primär zusammen, so entstand die Lautgruppe

kt (lat. *regere — rectus*);

bei dem primären Zusammenstoß von labialer Media und *t* ergab sich die Lautgruppe

pt (lat. *scribere — scriptus*);

die Berührung von dentaler Media und *t* führte zu der Lautgruppe

tt (> lat. *ss, cedere — cessus*).

Die durch primäre Berührungseffekte entstandenen Konsonantengruppen machten in der ersten Lautverschiebung Sonderentwicklungen durch:

idg. *kt* > germ. *ht* (mhd. *mac — maht*)
idg. *pt* > germ. *ft* (mhd. *geben — gift*)
idg. *tt* > germ. *ss*, das aber späterhin häufig zu germ. *st* weiterentwickelt wird (ahd. *wiʒʒan, wissa*, später *wista*; vorahd. **môssa* > mhd. *muose*, neben *muoste*).

Im Hochdeutschen unterlagen die Konsonantengruppen keinen weiteren Veränderungen (vgl. § 20).

§ 28a. Zu diesen primären Berührungseffekten durch idg. *t* scheinen andere zu kommen, an denen idg. *dh* beteiligt war. Auf eine solche Annahme führen die bisher von keiner Theorie befriedigend geklärten Verhältnisse in der Bildung der schwachen Präterita. Sofern die in § 140 gegebene Ableitung des Bildungssuffixes der schwachen Präterita aus dem Verbum ‚tun' (idg. — *dhōm*) zu Recht besteht, mußte sich eine Entwicklung von idg. — *dhōm* > germ. *dō(n)* > got. — *da*; ahd. — *ta* > mhd. — *te* ergeben, wie sie bei den normalen schwachen Verben (got. *nasida*, ahd. *nerita*, mhd. *ner(e)te*; got. *hausida*, ahd. *hôrta*, mhd. *hôrte*) tatsächlich eingetreten ist. Schwierigkeiten machen die schwachen Präteritalbildungen ohne Bindevokal, bei denen das Präteritalsuffix unmittelbar an eine konsonantisch auslautende Wurzel angetreten ist. Hier scheint es nötig, zwischen kurzwurzligen und langwurzligen Verben zu unterscheiden. Die Mehrzahl der kurzwurzligen Verben zeigt die Normalentwicklung (as. *libda*, adh. *hapta, scolta*, mhd. *wolte*). Bei den langwurzligen dagegen treten ausnahmslos Veränderungen im Anlaut des Dentalsuffixes und gegebenenfalls auch im Auslaut der Wurzel ein, die den primären Berührungseffekten durch idg. *t* durchaus entsprechen. Sie können einheitlich nur erklärt werden, wenn man einen vorgermanischen Verschärfungsprozeß annimmt, durch den idg. *dh* > *t* wurde. Ein ahd. *konda* setzt germ. *kunþō, ein ahd. *torsta* germ. *durstō voraus, die vorgermanisch ein *t* in dem Bildungssuffix (— *tōm*) erfordern.

Eine idg. Media oder Media aspirata im Wurzelauslaut unterlag dann derselben Verschärfung wie beim normalen Berührungseffekt mit idg. *t*:

idg. *g* + *dh* > *kt* (ahd. *dâhta* < germ. *þanhtō < idg. *tonk-tōm < idg. **tong—dhōm*)

idg. *d* + *dh* > *tt* (> *ss*) (ahd. *muosa* < germ. *mōssō < idg. *mōt-tōm < idg. *mōd-dhōm)

idg. *gh* + *dh* > *kt* (ahd. *brâhta* < germ. *branhtō < idg. *bhronk-tōm < idg. *bhrongh-dhōm).

Schwierigkeiten machen für diese Theorie die Präterito Präsentia mhd. *weiz, touc* und *mac*, deren Präterita *wisse, tohte, mahte* (*mohte*) kurzwurzlig sind, aber dennoch den Verschärfungsprozeß der langwurzligen Verben aufweisen. (Vgl. R. Wisniewski, Die Bildung des schwachen Präteritums und die primären Berührungseffekte. Beiträge 85 (1963), S. 1 ff.)

5. Konsonantengemination

§ 29. 1. Nur wenige Doppelkonsonanten (= lange Konsonanten) des Mhd. stammen schon aus dem Urgerm. (mhd. *swimmen*).

2. Weitaus die meisten Geminaten sind westgerm. Ursprungs: hier bewirkte ein *j*, seltener ein *w, l, r, n* die Verdopplung des vorangehenden Konsonanten (westgerm. Konsonantengemination), z. B. got. *bidjan*, as. *biddian*, ahd. mhd. *bitten*; got. *wilja*, as. *willio*, ahd. *willeo, willo*, mhd. *wille*. Der Liquid *r* unterlag der westgerm. Konsonantengemination nicht; *j* nach *r* blieb zunächst erhalten, wurde aber im Ahd. und vor allem

im Mhd. an das vorangehende *r* assimiliert (ahd. *nerien*, später *nerren*, mhd. *ner(e)n, nerren*). — Der größte Teil dieser westgerm. Geminaten wurde allerdings im Hd. teils durch Vereinfachung nach langem Vokal, teils durch die zweite Lautverschiebung (Affrikatenverschiebung) wieder beseitigt (vgl. § 20).

3. Eine dritte Schicht von Geminaten entstand jedoch gerade wieder durch diese zweite Lautverschiebung, indem die Tenues *p, t, k* in bestimmten Stellungen zu den Doppelspiranten ȥȥ, *ff, hh* verschoben wurden (§ 20). Auch diese neuentstandenen Geminaten wurden nach langem Vokal oder Diphthong sowie im Auslaut vereinfacht (§ 30).

4. Ferner entstand Doppelkonsonanz durch Vokalausfall (ahd. *hêriro* > *hêrro* > mhd. *hêrre, hërre*) oder durch Assimilation (got. *stibna*, ahd. *stimna* > *stimma* > mhd. *stimme*) erst in ahd. oder mhd. Zeit (§§ 37,7 u. 61).

§ 30. Bereits im Ahd. finden wir die Tendenz, die Geminaten in langer Silbe und im Auslaut zu vereinfachen (z. B. *her, schif*, ahd. *lâȥȥan* > *lâȥan* > mhd. *lâȥen*). Im Mhd. besteht darüber hinaus das Bestreben, den Konsonantengebrauch innerhalb der Flexion eines Verbs zu vereinheitlichen, d. h. entweder stets die Geminata oder immer den einfachen Konsonanten zu setzen, z. B. bei den *jan*-Verben, vgl. § 141.

6. Sonanten und Halbvokale

§ 31. Die Nasale (*m* und *n*) und die Liquidae (*l* und *r*) können Konsonanten sein, aber auch Sonanten, d. h. Silbenträger. Als solche werden sie in der Sprachwissenschaft durch die Schreibung *ṃ, ṇ, ḷ, ṛ* gekennzeichnet.

Das in den Sonanten enthaltene vokalische Element strebt zur Verselbständigung und erscheint in allen germ. Sprachen als eigenständiger Vokal *u*. Idg. *m̥, n̥, l̥, r̥* werden also bereits im Germ. zu *um, un, ul, ur* (idg. **bhr̥tis* — mhd. *ge-burt*). — Der aus den Sonanten entwickelte Vokal *u* unterliegt denselben Lautgesetzen wie das alte, aus dem Idg. ererbte *u* (§ 39,5).

§ 32. Stehen schon die sonantischen Nasale und Liquidae auf der Grenze zwischen Konsonant und Vokal, so ist dies bei den Halbvokalen *i̯* und *u̯* noch in sehr viel weiterem Maße der Fall: sie können sowohl reine Konsonanten (*j* und *w*) als auch reine Vokale (*i* und *u*) sein.

§ 33. idg. *i̯* = germ. *j*:
    1. im Wortanlaut;
    2. inlautend zwischen Vokalen;
    3. inlautend nach Konsonant.

1. Im Wortanlaut blieb *j* bis ins Mhd. hinein erhalten (idg. **i̯ugom* = ahd. mhd. *joch*).

2. Auch inlautend nach langem Vokal oder Diphthong finden wir *j* im Mhd. noch häufig; aber es ist oft schwer zu entscheiden, ob es sich dabei um altes germ. *j* oder um einen neuen Übergangslaut handelt (vgl. § 37,4).

3. Sehr häufig trat im Germ. das *j* im Inlaut nach Konsonant auf, vor allem bei den mit *j* anlautenden Suffixen der Substantiv- und Verbbildung. Aber schon im Ahd. ist das *j* in dieser Stellung bis auf wenige Reste geschwunden (ahd. *willio, willeo* neben *willo*); die Lautgruppe *ja* wurde durchweg zu *e* (westgerm. **haffjan* > ahd. *heffen*). Im Mhd. ist das ehemals vorhandene *j* nur noch aus seinen Wirkungen, der Konsonantengemination, dem Umlaut und dem Wandel von idg. *e* > germ. ahd. mhd. *i* zu erschließen.

§ 34. idg. *i* = germ. *i*:

    1. inlautend zwischen Konsonanten;
    2. im Auslaut.

Trat germ. *j* erst im Ahd. in den Auslaut, wurde es auch dort vokalisiert, z. B. germ. **hirdjaz* > ahd. *hirti* > mhd. *hirte*.

§ 35. idg. *u* = *w*:

    1. im Anlaut;
    2. inlautend nach Vokal;
    3. inlautend nach Konsonant.

1. Anlautendes *w* bleibt im Hochdeutschen vor Vokalen durchaus erhalten, schwindet dagegen schon in vorahd. Zeit in den Verbindungen *wr* und *wl* (idg. **u̯aldh-* „beherrschen, besitzen", a d . *waltan*, mhd. *walten*; got. *wrikan*, ahd. *rëhhan*, mhd. *rëchen*; germ. **anda-wlit-* > mhd. *antlitz*).

2. Inlautend nach Vokal finden wir das *w* im Ahd. noch sehr häufig; im Mhd. dagegen geht es mehr und mehr verloren oder wird zu einem unfesten Übergangslaut wie das postvokalische *j* (vgl. § 37,4).

Folgt auf einen kurzen Vokal ein verdoppeltes *ww*, so verband sich bereits im Ahd. der erste Teil der Geminata mit dem vorangehenden Vokal zu einem Diphthong, während das zweite *w* erhalten blieb:

$a+ww > au+w > ou+w$ ahd. *frauwa*, mhd. *vrouwe*
$e/i+ww > (eu)/iu+w$ ahd. *triuwa*, mhd. *triuwe*.

3. Inlautendes *w* nach Konsonant ist schon ahd. geschwunden (got. *saiƕan*, ahd. *sëhan*, mhd. *sëhen*), nur nach *l* und *r* blieb es erhalten. Im Mhd. stehen Formen mit und ohne *w* nebeneinander, z. B. *hor*, Gen. *horwes*, Adj. *horwec* neben *horec*; *gel* — *gelwes*.

§ 36. idg. u = germ. u:

1. inlautend zwischen Konsonanten;
2. im Auslaut — auch Silbenauslaut.

Gelangte germ. w im Ahd. in den Auslaut, so wurde es ebenfalls vokalisiert, und zwar zu o. Nach kurzem Vokal blieb dieses neuentstandene o im Ahd. erhalten; im Mhd. verschmolz es mit vorangehendem a zu $ô$, mit vorangehendem e bildete es schon im Ahd. den Diphthong eo, der im Mhd. zu ie wurde (§ 41,4), z. B. ahd. *frao* > mhd. *frô*; ahd. *kneo* > mhd. *knie*. — Nach langem Vokal und Diphthong fiel das o schon im Ahd. ab, z. B. ahd. *sêo* neben *sê*, mhd. *sê* (Gen. *sêwes*). — Nach Konsonant blieb das aus auslautendem w entstandene o im Ahd. noch erhalten. Es wurde im Spätahd. Frühmhd. zu e abgeschwächt, ist im klass. Mhd. aber nur nach t erhalten geblieben, nach l und r schwand es (mhd. *schate* aber *hor*, *mël*), vgl. § 72.

7. Mhd. Sonderentwicklungen

§ 37. Einige konsonantische Veränderungen, die außerhalb oder am Rande der besprochenen großen Lautgesetze erst im Ahd., vor allem aber im Mhd. vor sich gingen, seien im folgenden zusammengestellt.

1. Ahd. *dw* (< germ. *þw* § 22) wird zum Mhd. hin weiterverschoben zu *tw*, fällt also hier mit der Lautgruppe *tw* (< germ. *dw* § 21) zusammen, z. B. germ. **þwingan* > ahd. *dwingan* > mhd. *twingen* und germ. **dwaljan* > ahd. *twellen* > mhd. *twellen*.

Diese Lautverbindung *tw* erleidet schon im Verlaufe des Mhd. ein eigenartiges Schicksal: sie wird zu *qu* (ostmd.; hier also Zusammenfall mit altem germ. *qu* = *kw*) oder *zw* (obd. und westmd.; hier also Zusammenfall mit ahd. mhd. *zw* < germ. *tw* § 20 b).

Beispiele:

> mhd. *twingen* > *quingen* neben *zwingen*;
> mhd. *twark* > *quarc* neben *zwarc* „Quark".

2. Bereits in ahd. Zeit verliert *qu* häufig seinen *w*-Laut meist unter gleichzeitiger Verdumpfung des folgenden Vokals: *quë-* > *co-*, *qui-* > *cu-* (*quëman* > *coman*, *quimit* > *cumit*). Im Mhd. werden diese verdumpften Formen überwiegend gebraucht: ahd. *quëna* > mhd. *kone*; ahd. *quît* > mhd. *kiut*. Lediglich im Alem. sind unverdumpfte Formen gebräuchlich wie *keln* (neben *queln*), *kît* (neben *quît*).

3. Über ahd. *sk, sc, sh* > mhd. *sch* (md. *sg*) vgl. § 14,4.

4. *w, j, h* zwischen Vokalen sind im Ahd. und Mhd. häufig unfeste Übergangslaute (§§ 33,2. 35,2). Sie können wechselseitig füreinander eintreten oder auch ganz ausfallen. So stehen im Mhd. nebeneinander *hîwe, hîge* = *hîje, hîe* „Gatte"; *sæjen, sæhen, sæwen, sæn*; *blüejen, blüegen, blüewen, blüen* (Schreibung *g* = *j*, vgl. § 14,8).

5. *r* nach langem Vokal schwindet im Mhd. oft im absoluten Auslaut. Das ist besonders bei Präpositionen, Adverbien und ähnlichen kurzen Worten zu beobachten; hier finden sich Formen mit und ohne *r* nebeneinander: *dâ* — *dâr, dar, der, dir* (ahd. *dâr*); *wâ* — *wâr* (ahd. *wâr*); *hie* — *hier* (ahd. *hiar*); *mê* — *mêr* (ahd. *mêr*).

6. Im Silbenauslaut werden im Mhd. die Medien *b, d, g* zu den Tenues *p, t, k* (*c*) verhärtet (mhd. Auslautverhärtung): *lîp* — *lîbes*; *nît* — *nîdes*; *tac* — *tages*; *gelouben* — *geloupte*; *neigen* — *neicte*. — Über wechselnde Schreibung von *v* und *f*, *ch* und *h* vgl. § 14,2. 14,6.

7. Assimilation nennen wir die Angleichung eines Konsonanten an einen anderen, meist unmittelbar benachbarten. Die wichtigsten Fälle der Assimilation im Mhd. sind:

a) *n > m* (labialer Nasal) vor Labial: *unmaere > ummaere*; *an dëme > anme > amme*; *eineme > einme > eimme > eime.*

b) *mb > mm*: *umbe > umme.*

c) Eine partielle (teilweise) Assimilation haben wir in der Veränderung der Lautgruppe *entf- > emph-*: *entfâhen > emphâhen*, vor uns.

d) Ebenso ist die Erweichung von *nt > nd* (*mt > md*) eine teilweise Angleichung: ahd. *lantes* — mhd. *landes*; ahd. *bintan* — mhd. *binden.* — Wichtig ist diese Erweichung auch für die schwachen Verben, deren Wurzel auf einen Nasal endet. Deren präteritales Dentalsuffix müßte im Mhd. stets als *d* erscheinen. Die Analogiewirkung der übrigen Verben (*hôrte, zelte* usw.) ist jedoch so stark, daß neben den erweichten auch unerweichte Bildungen stehen: *nande — nante, rûmde — rûmte, sande — sante.*

e) Auch die Lautgruppe *lt* erfährt manchmal Erweichung zu *ld*, so in *solde, wolde, dulden.*

8. Der im Mhd. häufige Schwund der Medien *b, d, g* zwischen Vokalen bewirkt eine Zusammenziehung (Kontraktion) der Vokale. Die wichtigsten Kontraktionsmöglichkeiten im Mhd. sind:

igi > î (ahd. *ligit > * mhd. *lît* neben *liget*);
egi > ei (ahd. *legit > * mhd. *leit* neben *leget*);
bair. *age > ei* vor *t, st* (mhd. *maget — meit*);
ibi > î (ahd. *gibit > * mhd. *gît* neben *gibet*);

idi > *î* (ahd. *quidit* > mhd. *quît*) ;
abe > *â* (ahd. *habên* > mhd. *hân* neben *haben*).

C. Entwicklung der Vokale

§ 38. Im Gegensatz zu den Konsonanten, deren System seit ahd. Zeit wesentlich fest ist, sind die Vokale noch in lebhafter Bewegung. Zu den alten germ. Veränderungen kommen jüngere, die bis ins Mhd. fortdauern. Bei ihnen handelt es sich teilweise um Beeinflussung durch benachbarte Vokale (sog. kombinatorischer Lautwandel). Zudem muß man bei den Vokalen zwischen unbetonter und betonter Stellung unterscheiden, da sie sich in beiden Stellungen sehr verschieden verhalten.

a) Die Vokale und Diphthonge der Haupttonsilben
I. Kurze Übersicht
über die historische Entwicklung[1])

§ 39. Kurze Vokale

1. idg. *a* > germ. *a* > ahd. mhd. *a* (idg. **agros* = germ. **akraz* = ahd. *ackar*, mhd. *acker*)

> ahd. mhd. *e* (*ä*) vor *i* oder *j* der Folgesilbe (§§ 43. 44) (ahd. *kraft, krefti*; mhd. *kraft, krefte*)

2. idg. *e* > germ. *ë* (vor *a, ë, o* der Folgesilbe) > ahd. mhd. *ë* (idg. **ed-* = germ. **ët-* = ahd. *ëȝȝan*, mhd. *ëȝȝen*)

> germ. *i* (vor *i, j* der Folgesilbe oder Nasalverbdg).

> ahd. *i* (auch vor *u* der Folgesilbe) > mhd. *i* (§ 42) (idg. **esti* = ahd. mhd. *ist*)

---

¹) Vgl. die Tabellen S. 41.

3. idg. *i* > germ. *i* > ahd. mhd. *i* (idg. ***piskos* = ahd.
mhd. *fisc(h)*

> westgerm. *ë* (vor *a, ë, o* der Folgesilbe), selten!
(s. § 47)   (idg. **u̯iros* = ahd.
mhd. *wër* „Mann")

4. idg. *o* > germ. *a* > ahd. mhd. *a* (idg. **oktō(u)* = ahd.
ahto, mhd. *aht*)

> ahd. mhd. *e* (vor *i, j* der Folge-
silbe) (vgl. § 39,1)

5. idg. *u* > germ. *u* (vor *i, j, u* der Folgesilbe und Nasal-
verbdg.)

> ahd. mhd. *u* (idg. **sunus* = ahd.
sun(u), mhd. *sun*)

> mhd. *ü* (vor *i, j* der Folgesilbe)
(§ 44) (ahd. *cuning*,
mhd. *künec*)

> westgerm. *o* (vor *a, ë, o* der Folgesilbe)
> ahd. mhd. *o* (§§ 45.
46). (idg. **ghutom* =
ahd. mhd. *got*)

> mhd. *ö* vgl. § 44.

Das aus dem Idg. ererbte *u* erhält im Germ. Zuwachs durch die neu entstehenden *u* aus den Sonanten *l̥ m̥ n̥ r̥* (§ 31).

§ 40. Lange Vokale

1. idg. *ā* > germ. *ō* > ahd. mhd. *uo* (§ 51) (idg. **bhrāter-*
= germ. **brōþar* =
ahd. mhd. *bruoder*)

> mhd. *üe* (vor *i, j* der Folge-
silbe) (§ 44) (ahd.
kuoni, mhd. *küene*)

2. idg. $\bar{e}$ > germ. $\bar{e}^1$ > ahd. mhd. $\hat{a}$ (idg. *dhḗtis* = ahd. mhd. *tât*)

> mhd. *æ* (vor *i, j* der Folgesilbe) (§ 44) (ahd. *tâti* Pl., mhd. *tæte*)

3. idg. $\bar{\imath}$ > germ. $\bar{\imath}$ > ahd. mhd. $\hat{\imath}$ (idg. *sṷīno-* „vom Schwein" = ahd. mhd. *swîn*).

Im Germ. erhielt dieses $\bar{\imath}$ Zuwachs

1. durch die Monophthongierung von idg. *ei* > germ. $\bar{\imath}$ (§ 41,2),

2. durch Dehnung von nasaliertem *i* (Lautgr. *inh* > *īh*, vgl. § 48).

4. idg. $\bar{o}$ > germ. $\bar{o}$ > ahd. mhd. *uo* (§ 51) (idg. *bhlṓmen-* = ahd. *bluomo, bluoma* mhd. *bluome*)

> mhd. *üe* (vor *i, j* der Folgesilbe) (vgl. § 40,1.)

5. idg. $\bar{u}$ > germ. $\bar{u}$ > ahd. mhd. $\hat{u}$ (idg. *mūs* = ahd. mhd. *mûs*)

> mhd. *iu* (vor *i, j* der Folgesilbe) (§ 44) (ahd. *brût, brûti*, mhd. *brût, briute*).

Im Germ. erhielt dieses $\bar{u}$ Zuwachs durch Dehnung von nasaliertem *u* (Lautgruppe *unh* > *ūh*, vgl. § 48).

6. Das Germanische bewahrte also nicht das alte idg. $\bar{a}$. Es entwickelte in wenigen Fällen ein neues $\bar{a}$ durch

Dehnung von nasaliertem *a* (Lautgruppe *anh* > *āh*, § 48).

§ 41. Diphthonge

1. idg. *ai*
   idg. *oi* ⟩ germ. *ai* > ahd. mhd. (*ai*)/*ei* (idg. **ghaidis* = ahd. mhd. *geiʒ*; idg. **u̯oida* = ahd. mhd. *weiʒ*)

   > ahd. mhd. *ê* (vor *r, h, w*; § 49) (mhd. *zîhen — zêch* < germ. **taih*)

2. idg. *ei* > germ. *ī* > ahd. mhd. *î* (idg. **steigh-* = ahd. *stîgan*, mhd. *stîgen*), vgl. § 40,3.

Auf idg. *ēi* läßt sich auch in einigen Fällen das germ. *ē²* zurückführen, das im Ahd. Diphthongierung zu *ea, ia, ie*, mhd. *ie* erfuhr (germ. **hēr* > ahd. *hiar*, mhd. *hier*, vgl. § 51)[1]).

3. idg. *au*
   idg. *ou* ⟩ germ. *au* > ahd. mhd. *ou* (idg. **aug-* = ahd. *ouhhôn*, mhd. *ouchen* „vermehren"; idg. *ou* des Prät. Sg. d. st. V. 2. Kl. germ. **laug*, ahd. *loug*, mhd. *louc*)

   > ahd. mhd. *ô* (vor *h* und allen Dentalen, § 49)(mhd. *bieten — bôt* < germ. **baud*)

---

[1]) Vgl. H. Krahe, Germanische Sprachwissenschaft I § 31.

4. idg. *eu* > germ. *eu* > ahd. mhd. *iu* (vor *i, j, u* und
unmittelbar folgen-
dem *w*)

> ahd. *eo, io, ie* mhd. *ie* (vor *a,
ë, o* der Folgesilbe)
(§ 46) (idg. **geus-*
ahd. *kiosan-kiusu*
mhd. *kiesen—kiuse*)

II. Die einzelnen Veränderungen

1. idg. *e* > germ. *i*

§ 42. Die älteste kombinatorische Lautveränderung
ist der Wandel des idg. *e* > germ. *i* vor *i, j* und Nasalverbindung. Im Ahd. Mhd. wird dieser Lautwandel
noch erweitert: idg. *e* > *i* tritt auch meist vor *u* der
folgenden Silbe ein (ahd. *nimu* aber *ërnust*). Vor *a, ë, o*
der Folgesilbe bleibt dagegen das alte idg. *e* im Ahd.
Mhd. wie im Germ. erhalten.

Zeigten nun verschiedene Formen eines Wortes in
der Flexionssilbe einmal ein *i, j* oder *u*, einmal einen
anderen Vokal, so entstand in der Haupttonsilbe ein
Wechsel zwischen *ë* und *i*; dieser Wechsel ist vor allem
in der Flexion der starken Verben zu beobachten und
hat sich dort bis ins Nhd. hinein erhalten, z. B. ahd.
Inf. *nëman* gegen 1. Sg. Präs. *nimu*, 3. Sg. Präs. *nimit*
— mhd. *nëmen* gegen *nime, nimet*.

Da der Wandel von idg. *e* > germ. *i* vor allem durch *i*
oder *j* bewirkt wurde, zählt man ihn oft zu den *i-, j-*
Umlauten, die wir im folgenden besprechen wollen.

2. *i-/j*-Umlaut

§ 43. Wie der Wandel von idg. *e* > germ. *i* beruht
auch der *i-, j*-Umlaut auf einer Beeinflussung des Haupt-
tonvokals durch den Vokal (bzw. Halbvokal) der folgenden unbetonten Silbe. Alle dunklen Vokale und *a*

Tabelle 2

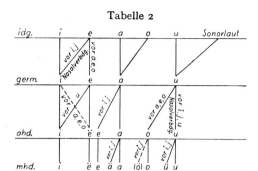

Tabelle 3

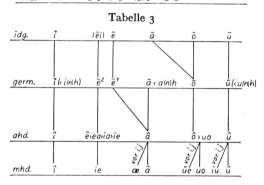

Tabelle 4

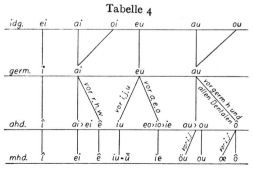

werden durch ein *i* oder *j* in folgender Silbe zu einem
helleren Laut gewandelt, sie gleichen ihre Vokalfarbe
dem *i* oder *j* an. Man charakterisiert daher den Umlaut
als Aufhellung, partielle Assimilation, Palatalisierung.

Von diesem Umlaut werden betroffen:

1. die kurzen Vokale *a* und *u*. Wie aus Tabelle 2 er-
sichtlich, besaß das Germ. kein *o*. Das Westgerm. Hd.
hat gerade vor *i* oder *j* kein neues *o* (< germ. *u* vor *a, ë, o*
der Folgesilbe, § 46) entwickelt; daher ist ein laut-
gesetzlicher Umlaut des *o* nicht möglich. Der im Mhd.
und Nhd. vorkommende Umlaut *ö* beruht ausschließlich
auf Analogiebildungen (mhd. *hübesch* neben *hövesch*,
gütinne neben *götinne*);

2. die langen Vokale *â, ô, û*;

3. die Diphthonge *ou, uo*.

§ 44. Wir unterscheiden zwei Schichten des *i*-Um-
lautes. Der Umlaut *a > e*, der schon im 8. Jh., also
schon in ahd. Zeit, einsetzte, macht die ältere Schicht
des *i*-Umlautes aus (got. *taljan* — ahd. mhd. *zellen*).
Dieser Umlaut *ă > e* trat im Ahd. nicht ein, wenn

a) *ht, hs*, Konsonant + *w, rw, ew* (obd. auch *l* + Konsonant, *r* + Konsonant, *hh, h*) zwischen dem Wurzelvokal und dem Umlaut bewirkenden *i* oder *j* standen;

b) der Umlaut von der zweitfolgenden Silbe ausging
(ahd. *magad* — *magadi* Pl.).

In mhd. Zeit erfahren diese im Ahd. vom Umlaut
noch nicht erfaßten *a*-Laute ebenfalls eine Aufhellung;
sie werden zu einem offenen *e*-Laut gewandelt, der in
Grammatiken gern durch *ä*, in Texten meist durch *e*
bezeichnet wird. Dieser Umlaut *a > ä* heißt Sekundär-
oder Restumlaut. — Neben dem Sekundär- oder Restumlaut gehören auch die Umlaute der langen Vokale
und der Diphthonge zur jüngeren Schicht des *i*-Umlauts.

Wir wissen nicht, ob die Umlaute der jüngeren Schicht im Ahd. dem Lautwert nach schon vorhanden waren, da die ahd. Orthographie diese Umlaute nicht bezeichnet. Die Abschwächung des den Umlaut bewirkenden ahd. *i* oder *j* > mhd. *e* deutet darauf hin, daß der Umlaut auch der zweiten Schicht bereits in ahd. Zeit vor sich ging, da das *e* keinen Umlaut mehr bewirken konnte.

Die Umlaute der zweiten (mhd.) Schicht sind:

a > *ä*, *e* (ahd. *mahtîg* > mhd. *mähtec*)

o > *ö* (s. § 43)

u > *ü* (ahd. *kunni* > mhd. *künne* „Geschlecht")

â > *æ* (ahd. *mâri* > mhd. *mære* „Erzählung")

ô > *œ* (ahd. *skôni* > mhd. *schœne*)

û > *iu* (ahd. *sûri* > mhd. *siure* „Säure")

ou > *öu* (ahd. *loufit* > mhd. *löufet*)

uo > *üe* (ahd. *guotî* > mhd. *güete*)

Der Umlaut *û* > *iu* fiel mit dem durch Monophthongierung aus *iu* entstandenen *ǖ* zusammen (vgl. § II).

Umlaut durch Enklise ist möglich: *mag ich* > *megih*.

3. Brechung

§ 45. Eine dritte kombinatorische Lautveränderung, die mit dem Umlaut und dem Wandel von *e* > *i* nahe verwandt ist, bezeichnen wir nach Jakob Grimm als ‚Brechung'. Die Extremvokale *i* und *u* werden im Ahd. vor *a*, *ë*, *o* der folgenden Silbe (außer bei dazwischenstehender Nasalverbindung) zu den gemäßigten Vokalen *ë* und *o* „gebrochen".

§ 46. Die Brechung von germ. *u* > ahd. mhd. *o* hat sich vor allem in der Flexion der starken Verben ausgewirkt, wo durch Brechung entstandenes *o* und unverändertes *u* (§ 39,5) miteinander wechseln: mhd. *wurfen* (< ahd. *wurfun*) — *geworfen* (< *giworfan*); aber auch in der *a*- und *ô*-Deklination und in den *en-/on*-Stämmen hat die Brechung gewirkt (*i-*, *u-*, *ja-*

und *jô*-Stämme können keine Brechung haben!), z.B.
wolf m. (*a*) < germ. *wulfaʒ gegen *suht* f. (*i*) < germ.
*suhtiʒ.

Im Diphthong wird *u* unter denselben Bedingungen
gebrochen: germ. *eu* > ahd. *eo, io, ie*, mhd. *ie* vor *a, ë, o*
der Folgesilbe außer vor Nasalverbindung und vor *w*
(z. B. ahd. *triuwa* > mhd. *triuwe*).

Im Ahd. galt diese Regel *eu* > *eo* uneingeschränkt nur im
Fränk.; im Obd. dagegen blieb *eo* auf die Stellung vor Dental
oder germ. *h* beschränkt, während *iu* in allen übrigen Stellungen herrschte (fränk. *beogan* gegen obd. *biugan*). Im Mhd.
ist diese Spaltung weitgehend wieder aufgehoben; auch im Obd.
hat sich hier — bis auf wenige Ausnahmen — *ie* (< ahd. *eo*)
durchgesetzt; solche Reste von obd. *iu* gegen fränk. *ie* im Mhd.
sind: *liup — liep, liuf* (Prät. von *loufen*) neben *lief*.

§ 47. Die Brechung von *i* > *ë* ist nicht so konsequent
durchgeführt worden wie die von *u* > *o*. Nur eine kleine
Anzahl von alten *i* sind ahd. stets zu *ë* gebrochen worden (z. B. mhd. *lëben* < ahd. *lëbên*), die Mehrzahl blieb
auch vor *a, ë, o* erhalten (z. B. *wiʒʒen*, ahd. *wiʒʒan*);
einige Worte weisen Doppelformen auf: *schirm* neben
schërm m. (a). *schif* neben *schëf* n. (a), *misse* neben
mësse f. (ô) usw.

4. Ersatzdehnung

§ 48. Im Germ. schwand in den Lautgruppen *anh*,
inh und *unh* der Nasal vor *h* unter gleichzeitiger Nasa-
lierung und schließlicher Dehnung des vorangehenden
kurzen Vokals (sog. Ersatzdehnung). Besonders wichtig
für die mhd. Grammatik ist die Entwicklung der Lautgruppen *anh* und *unh*, da sie für die Formbildung einiger
Verben wichtig ist, z. B. mhd.

bringen — brâhte < germ. *brãhtō < *branhtō*
denken — dâhte < germ. *þãhtō < *þanhtō*
dunken, dünken — dûhte < germ. *þũhtō < *þunhtō*.

5. Monophthongierung

§ 49. Vor bestimmten Konsonanten haben die germ. Diphthonge *ai* und *au* im Ahd. eine Monophthongierung erfahren.

1. germ. *ai* > ahd. mhd. *ê* vor *r*, *h*, *w*.
Dieses Vokalgesetz ist vor allem in der 1. Klasse der starken Verben wirksam: mhd. *schrîben* — *schreip* aber *lîhen* — *lêch*.

2. germ. *au* > ahd. mhd. *ô* vor germ. *h* und allen Dentalen (*d*, *t*, *z*, *s*, *ȥ*, *n*, *r*, *l*), besonders häufig in der 2. Klasse der starken Verben: mhd. *biegen* — *bouc* aber *bieten* — *bôt*.

§ 50. Die Monophthongierung trat auch in unbetonten Wortstellungen ein, also in Nebensilben und kleinen satzunbetonten Worten, und zwar hier unabhängig vom folgenden Konsonanten, z. B. germ. **blindaim* > ahd. *blintêm* > mhd. *blinden*; germ. **þaim* > ahd. *dêm* > mhd. *den*; germ. **fridauz* > ahd. *fridô*. In der 3. Klasse der schwachen Verben entstand durch diese Monophthongierung im Ahd. der charakteristische Themavokal *ê*: got. *habaiþ* — ahd. *habêt*, mhd. *habet*.

6. Diphthongierung

§ 51. Die germ. langen Vokale $\bar{e}^2$ und $\bar{o}$ unterliegen in ahd. Zeit einer Diphthongierung:

germ. $\bar{e}^2$ = ahd. $\hat{e}^2$ (älteste Quellen) > *ea* > *ia* > *ie*
= mhd. *ie*

germ. $\bar{o}$ = ahd. $\hat{o}$ (älteste Quellen) > *uo* (daneben *oa*, *ua*) = mhd. *uo*.

Im Mhd. erscheinen also die durch die Diphthongierung entstandenen Zwielaute als *ie* und *uo*, wobei das *ie* < $\hat{e}^2$ mit dem *ie* < *eo* (s. o. § 46) lautlich zusammengefallen ist.

Die Diphthongierung beschränkt sich auf die be-
tonten Silben und betrifft die unbetonten Nebensilben
nicht, z. B. ahd. *salbôn,* mhd. *salben.*

Die Partikel *dô* weist im Ahd. und Mhd. Doppelformen auf,
wobei das undiphthongierte *dô* ursprünglich in unbetonter, das
diphthongierte *duo* in betonter Stellung stand.

7. Ablaut

§ 52. Der Ablaut ist ein wichtiges Charakteristikum
aller idg. Sprachen. Wir verstehen darunter den Wechsel
von bestimmten Vokalquantitäten und -qualitäten in
etymologisch zusammengehörenden Wörtern oder Wort-
teilen (*binden, Band, Bund*). Die Ursachen des Ablauts
haben wir in den idg. Akzentverhältnissen zu suchen.

§ 53. Im quantitativen Ablaut (= Abstufung) wech-
selt die Länge eines Vokals:

Stufe ursprünglicher Betontheit: Hochstufe oder Voll-
stufe (= kurzer Vokal);

Stufe ursprünglicher Unbetontheit:

1. Tiefstufe oder Reduktionsstufe (ein Rest des ablautenden Vokals bleibt erhalten); in unserer Dar-
stellung der mhd. Ablautreihen können wir diesen
Begriff der Tiefstufe außer acht lassen.
2. Schwundstufe (bei völliger Aufgabe des ablautenden Vokals; allerdings hat das Germ. hier stets
ein aus Sonans entfaltetes *u* (falls kein Sonant vorhanden, Sonderentwicklung!), das im Ahd. Mhd.
als *u* oder *o* weiterlebt, § 46);

Stufe ursprünglicher Betontheit, Steigerung gegenüber
der Hochstufe: Dehnstufe (= langer Vokal).

§ 54. Im qualitativen Ablaut (= Abtönung) wechseln zwei Vokale verschiedener Klangfarbe miteinander,
z. B. idg. *e — o* (lat. *tegere — toga*), *a — o.*

§ 55. Die germ. Sprachen übernahmen den quantitativen und den qualitativen Ablaut aus dem Idg. und bauten darüber hinaus die idg. Ablauterscheinungen für die Flexion der starken Verben systematisch aus.

Das für die starken Verben wichtigste germ. Ablautsystem beruht auf dem Wechsel von idg.

e-Hochstufe   *o*-Hochstufe   Schwundstufe.

Durch die lautgesetzliche Entwicklung von idg. *e* > germ. *ë/i* (§ 39,2) und von idg. *o* > germ. *a* (§ 39,4) ergibt sich die germ. Systemform:

ë/i — *a* — Schwundstufe.

Der qualitative *e* — *o*-Ablaut ist hier also gekoppelt mit dem quantitativen Ablaut, der sich im Wechsel der verschiedenen Ablautstufen manifestiert.

§ 56. Die Verteilung der einzelnen Ablautstufen im starken Verb:

die *e*-Hochstufe herrscht im Wurzelvokal des Präs.
    (auch Inf. u. Part.),
die *o*-Hochstufe im Sg. des Prät. Ind. (Ausnahme 2. Sg.),
die Schwundstufe im Pl. Ind., im gesamten Konj. und
    im Part. des Prät.
Beispiele dieser Ablautstufen werden in den sog. Stammformen eines Verbs angegeben, z. B. mhd. *wërfen, warf, wurfen, geworfen.*

§ 57. Das Ablautsystem germ. *ë/i* — *a* — Schwundstufe erleidet durch die lautliche Nachbarschaft von Konsonanten und Vokalen, die es in den einzelnen starken Verben und den einzelnen Verbformen erhält, verschiedene Um- und Ausgestaltungen, zum Teil nach den von uns bisher besprochenen Lautgesetzen (vgl. auch §§ 131—136). Nach der lautlichen Nachbarschaft, in der das Ablautsystem steht, unterscheiden wir verschiedene Ablautreihen, in die sich die st. Verben einordnen lassen[1]):

1. Ablautreihe: System + Vokal *i*
2. Ablautreihe: System + Vokal *u*
3. Ablautreihe: System + Sonantenverbindung
4. Ablautreihe: System + einfacher Sonant
5. Ablautreihe: System + einfacher Konsonant
                       (außer *l, m, n, r*)

1. Reihe:	idg.	*e+i*	*o+i*	*i*	*i*
	germ.	*ī*	*ai*	*i*	*i*
	mhd.	*î*	*ei*	*i*	*i*
		ê			

2. Reihe:	idg.	*e+u*	*o+u*	*u*	*u*
	germ.	*eu*	*au*	*u*	*u*
	mhd.	*ie/iu*	*ou*	*u*	*o*
		ô			

3. Reihe:	idg.	*endh*	*ondh*	*ṇdh*	*ṇdh*
	germ.	*ind*	*and*	*und*	*und*
		ërf/irf	*arf*	*urf*	*urf*
	mhd.	*ind*	*and*	*und*	*und*
		ërf/irf	*arf*	*urf*	*orf*

4. Reihe:	idg.	*el*	*ol*	*ḷ*	*ḷ*
	germ.	*ël/il*	*al*	*(ul)/êl*	*ul*
	mhd.	*ël/il*	*al*	*âl*	*ol*

In der 4. Ablautreihe taucht im Plural und im gesamten Konj. Prät. eine Unregelmäßigkeit auf: die Schwundstufe (die gut mit *u* zu bilden gewesen wäre, vgl. § 152) wird durch eine Dehnstufe ersetzt, die meist aus der 5. Ablautreihe übernommen wurde (s. 5. Ablautreihe).

---

[1]) Über Besonderheiten der einzelnen Ablautreihen und der zu ihnen gehörenden Verben vgl. §§ 130—136.

5. Reihe: idg.   *ebh*   *obh*   *bh*   *bh*
       germ.   *ĕb/ib*   *ab*   *(b)/ēb*   *(b)/ĕb*
       mhd.   *ĕb/ib*   *ab*   *âb*   *ĕb*

In der 5. Reihe folgt auf den ablautenden Vokal kein
Sonant — wie in der 3. und 4. Reihe —, sondern ein
Konsonant, der nicht fähig war, in der Schwundstufe
zum Silbenträger zu werden, etwa: **gab* — **gbum*.
Statt der Schwundstufe erscheint die Dehnstufe germ. *ē*
> ahd. mhd. *â* (§ 40, 2), im Part. Prät. der 5. Reihe die
e-Hochstufe (mhd. *gegĕben*).

    Die dehnstufigen Präteritalformen der 4. und 5. Ablautreihe
gehen vermutlich auf alte idg. Bildungen mit Dehnstufe zurück,
vgl. lat. *vĕnio — vēni, lĕgo — lēgi.* Im Germanischen muß dieser
Typ der Präteritalbildung für die gesamte 4. und 5. Ablautreihe
verbindlich geworden sein. — Andere Forscher nehmen an,
daß hier ursprünglich reduplizierende Perfektformen vorliegen.
Demnach entstand das *ē* durch Dehnung des Reduplikations-
vokals, der gelängt wurde, weil der wurzelanlautende Konsonant ausfiel. Also: **ghe — ghbh- > *ghēbh- > gēb- > gâb.*

    Die in der 5. Ablautreihe notwendige Dehnstufe wurde analog
von allen Verben der 4. Ablautreihe übernommen, obwohl dort
die Bildung mit der Schwundstufe möglich gewesen wäre. Nur
die Prät. Präs. der 4. Ablautreihe bewahrten die schwundstufigen Präteritalformen (vgl. § 152).

§ 58. Die 6. Ablautreihe beruht auf einem anderen
Ablautsystem, in dem im wesentlichen zwei idg. rein
quantitative Ablautreihen zusammengefallen sind.

idg.   1. *a*-Hochstufe — *ā*-Dehnstufe ⟩germ. *a — ō.*
      2. *o*-Hochstufe — *ō*-Dehnstufe ⟋

Der Aufbau dieses Ablautsystems im Germ. ist:
a-Hochstufe, *ō*-Dehnstufe, *ō*-Dehnstufe, *a*-Hochstufe, und
zwar herrscht die *a*-Hochstufe im gesamten Präsens und
im Part. Prät., die *ō*-Dehnstufe im Ind. und Konj. Prät.

    Im Ahd. Mhd. erfolgte hier eine Diphthongierung des
ô > *uo* und der Umlaut des *a* > *e* in der 2., 3. Sg. Präs.
Ind. z. B. *ich var, er vert* (§§ 51. 44).

b) Die Vokale und Diphthonge
der unbetonten und nebentonigen Silben

§ 59. Vokale, die schon im Idg. in der Endsilbe standen, wurden von den Auslautgesetzen betroffen; ihre
Entwicklung bis zum Ahd. ist § 65 besprochen.

Alle anderen (seit Einführung der Anfangsbetonung)
unbetonten oder nebentonigen Vokale haben bis zum
Ahd. hin im wesentlichen die gleiche Entwicklung —
außer Brechung und Diphthongierung (§§ 45. 51) —
erfahren wie die unter dem Hauptton des Wortes
stehenden Vokale (vgl. §§ 42. 43. 49). Es gibt also im
Ahd. noch volle Vokalqualitäten in unbetonten Silben.

Die bedeutsame Sonderentwicklung aller unbetonten
Vokale, ihre Abschwächung zu farblosem *e*, setzt erst
in spätahd. Zeit ein und wird im Mhd. voll durchgeführt; sie ist das wesentlichste Unterscheidungsmerk-
mal zwischen ahd. und mhd. Sprache.

1. Vokale der Präfixe

§ 60. Der Vokal eines Präfixes konnte im Ahd. in den
verschiedenen Ablautstufen erscheinen, z. B. *ga-, gi-*;
ar-, ir-, ur-; *ant-, int-, unt-*. Das Mhd. kennt fast nur
das unbetonte *e* als Vokal dieser Präfixe (*ge-, er-, ent-*),
es sei denn, das Präfix trägt den Hauptton des Wortes,
z. B. *ántwürten* (vgl. § 6).

Schwund des Präfixvokals finden wir vor allem in
den Vorsilben *ge-* und *be-*, und zwar

a) immer vor vokalischem Anlaut der Wurzelsilbe
(schon spätahd. *gunnen* < *ge-unnen*, mhd. *günnen*;
mhd. *geʒʒen* < *ge-ëʒʒen*);

b) häufig vor *r, l, n, (w)*, (mhd. *glücke* neben *gelücke*;
gnâde neben *genâde*; *blîben* neben *belîben*)

2. Vokale der Mittelsilben

§ 61. Von den Mittelsilben, die im Ahd.Mhd. nach Abfall der ehemals vorhandenen Endsilbe auch am Wortende stehen können (z. B. germ. *kun-ing-a-z > ahd. mhd. kun-inc), haben nur die manchmal eine Nebenbetonung tragenden schweren Ableitungssilben wie -unge, -nisse, -lîn, -inc (vgl. § 7) ihren vollen Vokal bis ins Mhd. hinein bewahrt (z. B. buochelîn). — In allen anderen Worten ist der Mittelsilbenvokal im Mhd. zu e abgeschwächt (Nom. Pl. dëgene < ahd. dëgana).

Sehr häufig wird das e der Mittelsilbe im Mhd. synkopiert (Synkope = Ausfall eines unbetonten Vokals innerhalb eines Wortes, zwischen Konsonanten, die nach dem Ausfall des Vokals eine gut sprechbare Gruppe ergeben, z. B. varende > varnde), und zwar vor allem in drei- und viersilbigen Wortformen (z. B. ahd. sâlida > mhd. sælde; ahd. frewida > mhd. *vrewde > vreude; ahd. fremede > mhd. vremde; ahd. dionôst > mhd. dien(e)st, dien(e)stes).

3. Vokale der Endsilben

§ 62. Die ahd. Endsilbenvokale besaßen — wie die übrigen unbetonten Vokale — noch durchaus ihre volle Klangfarbe; wir finden dort noch alle kurzen und langen Vokale sowie den Diphthong iu. Im Mhd. sind sie alle der Abschwächung zu farblosem e unterworfen (ahd. mahhôn > mhd. machen, ahd. taga > mhd. tage), nur iu blieb im Nom.Sg.Fem. Nom.Akk.Pl.Ntr. der starken Adjektiva in der Endsilbe erhalten (über die lautliche Geltung von iu vgl. § 11).

Die Endung -iu kommt nur dem Obd. zu, im Md. lautet sie -e. Das erklärt sich aus den verschiedenen Betonungsverhältnissen im Ahd. Im Obd. wurde iu im Ahd. als Diphthong gesprochen und entging somit der Abschwächung, im Fränk. dagegen war u der Silbenvokal, i der konsonantische Übergangslaut *j*, der schon frühzeitig ausfiel (z. B. Otfrid, Tatian *blintu* gegen obd. *blintiu*). Das *u* unterlag im Spätahd. Mhd. der üblichen Abschwächung zu *e*.

§ 63. Wie in den Mittelsilben ist auch in den Endsilben im Mhd. Synkope sehr häufig. Das unbetonte *e* schwindet vor allem

a) nach *l*, *r*, wenn der vorangehende Vokal kurz ist (*zeln*, *nern* gegen *hœren*, *nemen*; *engel*, Gen. *engels*, *nagel*, *nagels*);

b) zwischen gleichen oder ähnlichen Konsonanten, besonders zwischen Dentalen (*wirt* neben *wirdet*, *rette* neben *redete*, *ræt* neben *rætet*);

c) zwischen *h* und *t*, *h* und *st* (*siht* gegen *sihet*, *sihst* gegen *sihest*).

Steht das unbetonte Endsilben-*e* im absoluten Auslaut, so erleidet es häufig Apokope (Apokope = Schwund eines unbetonten Vokals im absoluten Auslaut)

a) nach *l*, *r* (*m*, *n*) (*zal* gegen *gëbe*, *von* neben *vone*);

b) in dritter Silbe, wenn die Wurzelsilbe lang ist (ahd. *grôʒiro* > mhd. *græʒer*, aber ahd. *widaro* > mhd. *widere*, mhd. *boumgart* neben *boumgarte*).

Die einzelnen Mdaa. unterscheiden sich stark in der Neigung zu Synkope und Apokope, auch die einzelnen Dichter verhalten sich darin recht verschieden; die hier angeführten Regeln geben nur die häufigsten Fälle an.

Anhang: Auslautgesetze

§ 64. Seitdem sich die Anfangsbetonung durchgesetzt hat, ist in den germ. Sprachen ein steter Abbau des Wortendes zu bemerken.

Von den idg. auslautenden Konsonanten blieben im Germ. nur *s* und *r* erhalten. Neben *s*, das aus dem Idg. ererbt war, stand im Germ. die stimmhafte Spirans *ʒ*. (vgl §§ 24; 25). Sowohl *s* als auch *ʒ* schwanden

im Auslaut in vorahd. Zeit (das ist besonders wichtig
für die Bildung der ‚sigmatischen' Nominative, vgl.
§ 67, wie germ. *dag-a-ᶎ, got. dags, aber ahd. mhd. tac).
r dagegen erwies sich als der widerstandsfähigste Konsonant: es hat sich im Auslaut vom Idg. her bis ins
Mhd. Nhd. hinein erhalten (z. B. lat. pater, mhd. vater).

Der Nasal idg. m wurde im Urgerm. im Auslaut zunächst
zu n abgeschwächt, er hielt sich so etwas länger als die übrigen
Konsonanten, schwand aber auch schon in germ. Zeit. — Dieselbe Abschwächung des auslautenden m > n läßt sich auch
innerhalb des Ahd. und im Übergang zum Mhd. feststellen:
ahd. tagum > tagun > mhd. tagen (Dat. Pl.).

§ 65. Die auslautenden Vokale sind z. T. verschieden behandelt worden, je nachdem, ob sie im absoluten
(= freien) oder im gedeckten (= einfache oder mehrfache Konsonanz folgt) Auslaut standen. — Ferner
wurden Kürze und Länge in der Entwicklung vom Idg.
zum Mhd. verschieden behandelt; denn jeder Vokal wurde
auslautend um eine Zeiteinheit (= More) gekürzt:

kurzer Vokal (= eine More) schwand,
langer Vokal (= zwei Moren) wurde zu kurzem Vokal.

Germ. a (< idg. a und o § 39, 1 u. 4) und ë (< idg. e)
sind schon während der germ. Zeit im absoluten und
einfach gedeckten Auslaut geschwunden. Germ. i und u
schwanden dagegen zunächst nur in dritter Silbe, in
zweiter Silbe erst im Westgerm., und zwar nur, wenn
die Wurzelsilbe lang war, nach kurzer Wurzelsilbe blieben
i und u im Westgerm. erhalten (germ. *hand-u-ᶎ > ahd.
mhd. hant, germ. *friþ-u-ᶎ > ahd. frid-u > mhd. vrid-e).

Von den auslautenden Längen ist die Entwicklung
des germ. ō (< idg. ō und ā § 40, 1 u. 4) recht kompliziert
und unklar. Germ. ō wurde in gedecktem Auslaut vor
Nasal zu ahd. a. (Akk. Sg. germ. *gëb-ō(n) > ahd. gëb-a,
mhd. gëb-e). Vor s blieb ō erhalten (vgl. 2. Sg. Prät. Ind.

der sw. Verben = ahd. *-tôs(t)*). Im absoluten, nicht
gedeckten Auslaut wurde germ. *ō* zu ahd. *u* gekürzt
(germ. **něm-ō* > ahd. *nim-u,* mhd. *nim-e*). Dieses *-u*
schwand nach langer Wurzelsilbe (s. o.).

Das schleiftonige idg. *ō* erscheint im Ahd. als *o* (Gen. Pl.
**germ. *dag-ō-(n)* > ahd. *tag-o,* mhd. *tag-e*). Wenn im
Idg. auf schleiftoniges *ō* oder *ã* ein *s* folgte, erscheint im
Ahd. *-â* (vgl. Nom. Pl. der mask. *a*-Stämme und Nom.
Akk. Pl. der fem. *ō*-Stämme). — Die schleiftonigen Diphthonge idg. *oĩ* und *oũ* wurden zu germ. *ai* und *au* gekürzt und erfahren im Ahd. Monophthongierung zu *ê* und
ô (vgl. § 50).

Für einsilbige Wörter haben die Auslautgesetze meist
keine Geltung.

2. Teil: Formenlehre
Vorbemerkungen

§ 66. Jedes flektierbare Wort ist ein aus mehreren Teilen
zusammengesetztes Gebilde. Das Urelement, an das sich
die anderen Bestandteile anfügen, nennen wir die Wurzel des Wortes. Die Verwandtschaft einer Wortfamilie,
zu der Worte der verschiedensten Kategorien gehören
können (z. B. Substantiva, Adjektiva, Verba, Adverbia),
beruht stets auf der gemeinsamen Wurzel; Beispiel:
Binde, Band, Bund, binden, bändigen, bündig.

An die Wurzel können folgende Elemente antreten:
Präfixe = vor die Wurzel gesetzte Elemente (mhd. ***ge**-bot*),
Infixe = in die Wurzel hineingeschobene Elemente
          (got. *stand-an — stōþ,* lat. *find-o — fidi*),
Suffixe = an die Wurzel angefügte Elemente (mhd.
          *gib-**e**-t*).

Die Suffixe sind für die Formbildung von besonderer
Wichtigkeit, als stammbildende Suffixe, Endungen, Par-
tizipialsuffixe usw. — Jede Deklinations- oder Konju-

gationsklasse hat ihr ganz bestimmtes ‚stammbildendes Suffix', das zusammen mit der Wurzel den sog. Wortstamm bildet. Dieses stammbildende Suffix wird in den einzelnen Formen häufig durch Ablaut modifiziert; besteht es lediglich aus einem Vokal, so sprechen wir von einem Themavokal. Das stammbildende Suffix entscheidet also über die Zugehörigkeit eines Wortes zu einer bestimmten Flexionsklasse. — Die Endung dagegen gibt der einzelnen Flexionsform (Kasus, Person) das Gepräge.

Jedes flektierbare Wort setzt sich also grundsätzlich zusammen aus:

Wurzel	—	stammbildendem Suffix	—	Endung
(*wir*) *gĕb*	—	*e*	—	*n*

Außerdem können noch weitere Suffixe, auch Präfixe und Infixe dazutreten. — Es gibt aber auch einzelne Wort- und Formbildungen, bei denen schon seit ihrer Entstehung das stammbildende Suffix oder die Endung fehlt, so z. B. bei den Wurzelnomina, in der 1. Sg. Präs. Ind. der starken Verba usw.

Im Idg. und Germ. läßt sich der Aufbau eines flektierbaren Wortes aus Wurzel, stammbildendem Suffix und Endung stets deutlich erkennen, z. B. germ. **dag-a-z* Nom. Sg. Im Ahd., vor allem aber im Mhd., hat hier der durch die germ. Anfangsbetonung hervorgerufene Verfall der unbetonten Endsilben zerstörend gewirkt: die stammbildenden Suffixe und die Endungen sind entweder nur in Rudimenten vorhanden oder ganz geschwunden, z. B. Akk. Pl. ahd. *taga*, mhd. *tage*; Nom. Sg. ahd. *tag*, mhd. *tac*.

A. Nomen
Grundlagen

§ 67. Unter dem Begriff ‚Nomen' fassen wir vier ihrem Aussehen nach sehr verschiedene Wortarten zusammen:

Substantiva, Pronomina, Adjektiva und Zahlwörter.
Sie alle sind dadurch miteinander verbunden, daß sie
dekliniert werden, d. h. daß in ihrer Formbildung der
Begriff des Kasus (Fall) vorherrschend ist, während dagegen die Verba konjugiert werden, d. h. in ihrer Formbildung durch Tempora, Modi und Personen gekennzeichnet sind.

Das idg. Nomen besaß drei Numeri (Singular,
Plural, Dual), von denen im Mhd. Sg. und Pl. voll-
ständig erhalten sind; der Dual taucht nur noch in
kleinen Resten im Personal- und Possessivpronomen
auf. Dagegen bewahrt das Mhd. die drei Genera des
Idg.: Maskulinum, Femininum, Neutrum. Die acht
Kasus des Idg. sind im Verlauf der Entwicklung bis
zum Mhd. durch Synkretismus, d. h. durch Zusammenfall mehrerer Kasus (z. B. lat. Ablativ = Mischkasus
aus Instrumental, Lokativ und Ablativ), um die Hälfte
vermindert worden. Das Mhd. besitzt nur noch vier
Kasus: Nominativ, Genitiv, Dativ, Akkusativ.

Jeder dieser Kasus hatte im Idg. eine bestimmte
Endung, die an die verschiedenen Wortstämme antrat.
Nur das Pronomen besitzt zum Teil eigene Endungen. In der mhd. Flexion sind jedoch von diesen
alten Endungen nur noch wenige Spuren zu erkennen,
sie sind weitgehend durch die Auslautgesetze zerstört
worden; daher ist die alte Einheitlichkeit der Deklina-
tionsendungen, wie sie etwa das Lat. noch zeigt, im
Mhd. nicht mehr vorhanden.

Den ahd. mhd. Kasus liegen folgende idg. Endungen
zugrunde:

	Mask. Fem.	Ntr.
Sg. Nom.	*-s* (sigmatisch) bzw. endungslos (asigmatisch)	*-m*

Gen. -s, -es, -os, -so, -sio
Dat. -ei (oft ersetzt durch Instr. oder Lok.)
Akk. -m

	Mask. Fem.	Ntr.
Pl. Nom.	-es	(ā)
Gen.	-ōm	
Dat.	-mis (= Instrumentalendung)	
Akk.	-ns	(ā)

Wichtig ist:

1. daß schon im Idg. der Nom.Sg. Mask. Fem. sigmatisch, aber auch asigmatisch gebildet werden konnte;
2. daß schon im Idg. Nom. und Akk.Ntr. im Sg. und Pl. stets gleichlauteten;
3. daß idg. Dat., Lok. und Instr. Sg. im Dativ des Hochdeutschen zusammengefaßt sind.

I. Substantiva
Allgemeines

§ 68. Die einzelnen Substantivklassen werden nach ihrem stammbildenden Suffix bzw. nach dem Auslaut ihres stammbildenden Suffixes benannt. Man spricht von *a*-Stämmen, *n*-Stämmen usw. oder von *a*-Deklination, *n*-Deklination. Da das Stammformans konsonantisch oder vokalisch enden kann, ergibt sich die Zweiteilung in vokalische und konsonantische Deklinationen. Jakob Grimm nannte die vokalischen ‚starke' Deklinationen und stellte ihnen die ‚schwache' *n*-Deklination, die als einzige konsonantische Deklination im Hochdeutschen noch eine bedeutende Rolle spielt, gegenüber.

Die vier germ. vokalischen Deklinationen:

1. *a*-Deklination (idg. *o*-Dekl. gr. ϑεός, lat. *deus*),
2. *ō*-Deklination (idg. *ā*-Dekl. lat. *terra* [< *ā*]),
3. *i*-Deklination (idg. *i*-Dekl. lat. *hostis*),
4. *u*-Deklination (idg. *u*-Dekl. lat. *manus*)

setzen sich bis ins Mhd. hinein fort, wenn auch hier die
Themavokale nicht mehr in ihrer ursprünglichen Klangqualität und -quantität erhalten sind (vgl. § 62). Son-
derbildungen der *a*- und *ô*-Deklination sind die *ja-/jô*-
und die *wa-/wô*-Stämme, deren stammbildendes Suffix
gegenüber den reinen *a-/ô*-Stämmen durch *j* oder *w* erweitert ist.

Die fünf konsonantischen Deklinationen:

1. *n*-Deklination (idg. *n*-Dekl. lat. *homo, hom-in-is*),
2. *r*-Deklination (idg. *s*-Dekl. lat. *opus, op-er-is*),
3. *ter*-Deklination (idg. *ter*-Dekl. lat. *pa-ter*),
4. *nt*-Deklination (idg. *nt*-Dekl. lat. *legens, leg-e-nt-is*),
5. Wurzelnomina (lat. *noct-is*; stammbildendes Suffix
   fehlt)

haben bis ins Mhd. die ursprüngliche Form ihres stammbildenden Suffixes im wesentlichen bewahrt. Sie lassen
sich daher — im Gegensatz zu den vokalischen Deklinationen — noch im Mhd. gut voneinander unterscheiden.

1. Vokalische Deklinationen

§ 69. *a*-Stämme (idg. *o*-Stämme)

		Maskulinum		Neutrum	
		mhd.	ahd.	mhd.	ahd.
Sg.	Nom.	tac	tag	wort	wort
	Gen.	tages	tages	wortes	wortes
	Dat.	tage	tage	worte	worte
	Akk.	tac	tag	wort	wort
Pl.	Nom.	tage	tagâ, -a	wort	wort
	Gen.	tage	tago	worte	worto
	Dat.	tagen	tagum, -om;	worten	wortum, -om;
			-un, -on		-un, -on
	Akk.	tage	tagâ, -a	wort	wort

Die *a*-Deklination enthält Maskulina und Neutra.

Das stammbildende Suffix zeigte im Idg. Ablaut zwischen *e — o*, germ. zwischen *i/e — a*; jedoch weist das Mhd. wegen der Abschwächung der Nebensilbenvokale keine Spuren dieses Suffixablautes mehr auf. Auch von den ehemaligen Endungen haben sich nur noch geringe Reste erhalten (§§ 64. 65).

Nom.Sg.Mask. Stammformans in der *o*-Hochstufe, sigmatisch gebildet, d. h. mit der idg. Nominativendung *s*: germ. *dag-a-z* (< idg. *s*, § 24) > ahd. *tag* > mhd. *tac*; stammbildendes Suffix und Endung sind völlig geschwunden.

Gen.Sg.Mask.Ntr. Stammformans in der *e*-Hochstufe, idg. Endung *-so/-sio*: germ. *dag-e-s(a)* ahd.mhd. *tag-e-s*; in dieser Form ist sowohl das stammbildende Suffix (-*e*-) als auch ein Rest der Endung (-*s*) erhalten.

Dat.Sg.Mask.Ntr. Stammformans in der *o*-Hochstufe und idg. Endung *-ei* verschmolzen schon im Idg. zu *-oî*, das zu germ. *-ai* gekürzt wurde: germ. *dag-ai* > *dag-ē* > ahd. mhd. *tag-e* gekürzt.

Akk.Sg.Mask. Stammformans in der *o*-Hochstufe, Endung idg. *-m*: germ. *dag-a-(n)* > ahd. *tag* > mhd. *tac*.

Nom.Akk.Sg.Ntr. gebildet wie Akk.Sg.Mask.: germ. *word-a-(n)* > ahd.mhd. *wort*.

Nom.Pl.Mask. Stammformans in der *o*-Hochstufe und Endung *-es* verschmolzen zu idg. *-ōs*: germ. *dag-ōz* > ahd. *tag-â* (vgl. § 65) > mhd. *tag-e* gekürzt; ahd. *taga* ist aus dem Akk.Pl.Mask. übernommen worden.

Gen.Pl.Mask.Ntr. Stammformans in der *o*-Hochstufe und idg. Endung *-ōm* verschmolzen schon im Idg. zu *-ôm*, das zu germ. *-ō(n)* und ahd. *-o* gekürzt wurde (§ 65): germ. *dag-ō(n)* > ahd. *tag-o* > mhd. *tag-e*.

Dat.Pl.Mask.Ntr. Stammformans in der *o*-Hochstufe, idg. Instrumentalendung *-mis*: westgerm. *dag-

u-miż (das idg. *o* wurde hier — vor folgendem Nasal bzw. Doppelnasal — zu *u* verdumpft; *-m(i)ż* > *-mż* > *-mm* assimiliert, im Auslaut zu *-m* gekürzt) > ahd. *tag-u-m* > mhd. *tag-e-n*.

Akk. Pl. Mask. Stammformans in der *o*-Hochstufe, Endung igd. *-ns*. Bereits im Idg. konnte *n* unter gleichzeitiger Ersatzdehnung schwinden. Auf idg. *-ōs* weisen die westgerm. Formen: westgerm. **dag-ōz* > ahd. *tag-a* > mhd. *tag-e*. Die ahd. Formen auf *-â* sind aus dem Nom. Pl. übernommen.

Nom. Akk. Pl. Ntr. entsprechen nicht dem Aufbau der *a*-Deklination, sondern sind wie ein Nom. Sg. eines Femininums der *ô*-Deklination gebildet (§ 73). Man nimmt daher an, daß diese Ntr. Pl. ehemalige kollektive Fem. Sg. der idg. *ā*-Deklination (germ. *ō*-Deklination) sind. Germ. **word-ō* > ahd. mhd. *wort*. Germ. *-ō* > ahd. *-u* im Auslaut. Dieses durfte an sich nur nach langer Wurzelsilbe schwinden (§ 65), ist aber bei den kurzwurzligen ntr. *a*-Stämmen ebenfalls analogisch getilgt, z. B. *tal*.

§ 70. Die meisten mask. und ntr. Substantiva des Mhd. gehören der *a*-Deklination an und werden wie *tac* bzw. *wort* dekliniert. Neutrale *a*-Stämme sind die Diminutiva auf *-lîn*, *-în*, z. B. *magedîn*.

Besonderheiten:

1. Synkope und Apokope des unbetonten *e* der Endsilbe sind nach den § 63 angegebenen Regeln eingetreten (z. B. Nom. *kil*, Gen. *kils*, Dat. *kil* usw.).
2. Einige *a*-Stämme haben in Angleichung an die *i*-Stämme im Plural Umlaut eingeführt (z. B. *stabe*, *stebe*; vgl. § 77).
3. Einzelne Neutra bilden den Plural auf *-er* (< ahd. *-ir*; vgl. § 85), z. B. mhd. *lamp*, *lember*.

4. Auf Konsonant endende männliche Eigennamen
flektieren wie *tac*, nur der Akk.Sg. weist die Sonder-
endung *-en* (< ahd. *-an*) auf: *Sîvriden* (vgl. § 108).

§ 71. *ja*-Stämme

		Maskulinum		Neutrum	
		mhd.	ahd.	mhd.	ahd.
Sg.	Nom.	hirte	hirti	künne	kunni
	Gen.	hirtes	hirtes	künnes	kunnes
	Dat.	hirte	(hirtie), hirte	künne	(kunnie), kunne
	Akk.	hirte	hirti	künne	kunni
Pl.	Nom.	hirte	hirte, hirta	künne	kunni
	Gen.	hirte	hirteo, -io, hirto	künne	kunneo, -io, kunno
	Dat.	hirten	hirtum, -un	künnen	kunnim, -in (-um, -on)
	Akk.	hirte	hirte, hirta	künne	kunni

Das *j* des stammbildenden Suffixes war nur noch im
frühesten Ahd. vorhanden; im klassischen Ahd. und im
Mhd. unterscheiden sich die *ja*-Stämme von den reinen
a-Stämmen nur noch durch

1. Umlaut des Wurzelvokals (ahd. *nezzi*, mhd. *netze*;
ahd. *kâsi*, mhd. *kæse*) bzw. Wandel des Wurzelvokals idg. *e* > germ. ahd. mhd. *i* (idg. **kherd-i̯o-s* >
mhd. *hirte*) und Konsonantengemination (mhd. *künne*, *antlütze*);
2. durch mhd. *-e*, ahd. *-i* im Nom.Akk.Sg.Mask.Ntr.
und Nom.Akk.Pl.Ntr., das ein Rest des alten
stammbildenden Suffixes ist (mhd. *hirt-e* gegen *tac*).

Die *ja*-Stämme sind nicht so zahlreich wie die
a-Stämme. Mask. *ja*-Stämme sind alle Nomina agentis
auf *-ære* (< ahd. *-âri*), z. B. *vischære, wahtære;* dagegen
sind einfache Wörter, die wie *hirte* flektieren, selten.

Zu den neutralen *ja*-Stämmen gehören vor allem viele mit *ge*- gebildete Kollektiva (mhd. *gebirge, gewæte*) und Substantiva auf *-nusse, -nisse, -nüsse* (mhd. *vinsternisse, vancnisse*).

§ 72. *wa*-Stämme

		ahd.	mhd.			
		Mask.	Mask.	Ntr.	Ntr.	Mask.
Sg.	Nom.	sê(o)	sê	knie	hor	schate
	Gen.	sêwes	sêwes	kniewes	horwes	schatewes
	Dat.	sêwe	sêwe	kniewe	horwe	schatewe
	Akk.	sê(o)	sê	knie	hor	schate
Pl.	Nom.	sêwa	sêwe	knie		schatewe
	Gen.	sêwo	sêwe	kniewe		schatewe
	Dat.	sêwum-, -un, -on	sêwen	kniewen		schatewen
	Akk.	sêwa	sêwe	knie		schatewe

Das *w* des Stammformans ist bis ins Mhd. hinein erhalten geblieben, nur im Auslaut, d. h. im Nom.Akk.Sg. Mask.Ntr. und im Nom.Akk.Pl.Ntr. ist es nach den Regeln der §§ 35. 36 lautgesetzlich geschwunden bzw. vokalisiert. Durch die verschiedenartige Entwicklung des ahd. auslautenden *o* (< *w*) entstanden im Mhd. vier verschiedene Flexionstypen:

1. Typus *sê* (*o* schwand nach langem Vokal);
2. Typus *knie* (*o* verband sich mit dem Wurzelvokal *ë* zum Diphthong *eo* > *ie*. Der Diphthong *ie*, den das mhd. Paradigma durchgehend aufweist (*knie, kniewes*), kam also ursprünglich nur dem Auslaut zu, während die übrigen Kasus den einfachen Wurzelvokal +*w* des stammbildenden Suffixes haben müßten, wie ahd. *kneo, knëwes*);
3. Typus *hor* (*o* > *e* schwand nach Liquid);
4. Typus *schate* (*o* > *e* blieb nach *t* erhalten).

Die wenigen *wa*-Stämme sind im Mhd. im Schwinden
begriffen; sie treten — nach Verlust des *w* — in andere
Deklinationen über (z. B. *schate, schates* = *ja*-Stamm).

§ 73. *ô*-Stämme (idg. *ā*-Stämme)

		mhd.	ahd.
Sg.	Nom.	gëbe	gëba
	Gen.	gëbe	gëba
	Dat.	gëbe	gëbu, -o
	Akk.	gëbe	gëba
Pl.	Nom.	gëbe	gëbâ
	Gen.	gëben	gëbôno
	Dat.	gëben	gëbôm, -ôn, -on
	Akk.	gëbe	gëbâ

Die *ô*-Deklination enthält nur Feminina und ist
gegenüber allen anderen vokalischen Deklinationen dadurch ausgezeichnet, daß ihr stammbildendes Suffix
keinen Ablaut aufweist: es lautet durchgehend germ. *ō*
(< idg. *ā*). Im Mhd. ist es in allen Kasus zu *e* abgeschwächt; im Ahd. bewahren nur der Gen. und Dat.
Pl. die alte Farbe und Länge des Themavokals, während
germ. *ō* in den anderen Kasus im gedeckten Auslaut
> *a*, im absoluten Auslaut > *u* wurde (§ 65).

Nom. Sg. asigmatisch gebildet, auf das bloße Stammformans auslautend: germ. **gëb-ō*. Dieses *ō* hätte im
absoluten Auslaut zu ahd. *u* werden müssen, das nach
langer Wurzelsilbe schwinden, nach kurzer erhalten
geblieben sein müßte. Tatsächlich gibt es einige langwurzlige *ô*-Stämme, die — allerdings nur in formelhaft
erstarrten Wendungen — lautgesetzlich das *u*, also das
stammbildende Suffix, verloren haben und im Ahd.
Mhd. „endungslos" erscheinen: *buoӡ, halp, sît, stunt, wîl,
wîs*. Vom Nom. aus drang die Endungslosigkeit auch
in andere Kasus des Sg. ein (z. B. *in engel wîs*). — Sonst

haben die *ô*-Stämme, langwurzlige wie kurzwurzlige, die Form des Akk. Sg. in den Nom.Sg. übernommen (ahd. *-a*, mhd. *-e*).

Gen.Sg. Stammformans idg. *-ā-*, Endung idg. *-es* > idg. *ãs* > germ. *-ōz* > ahd. *-â* (§ 65), später zu *-a*, mhd. *-e* gekürzt.

Dat.Sg. = endungslose Instrumentalform, die auf das stammbildende Suffix auslautete: idg. *-ā* > germ. *-ō* > ahd. *-u* > mhd. *-e* (ahd. *-u* blieb auch nach langer Wurzelsilbe erhalten).

Akk.Sg. Stammformans idg. *-ā*, Endung idg. *-m*: germ. **gëb-ō-(n)* > ahd. *gëb-a* > mhd. *gëb-e*.

Nom.Pl. Stammformans idg. *-ā-*, Endung idg. *-es* > idg. *-ãs* > germ. *-ōz* > ahd. *-â* > mhd. *-e*.

Gen.Pl. analog dem Gen.Pl. der fem. *n*-Stämme gebildet.

Dat.Pl. Stammformans idg. *-ā-*, Instrumentalendung idg. *-mis* > germ. *-ō-miz*, Weiterentwicklung der Endung wie bei den *a*-Stämmen (§ 69) > ahd. *geb-ô-m*, *geb-ô-n* > mhd. *geb-e-n*.

Akk.Pl. Stammformans idg. *-ā-*, Endung idg. *-ns*, durch Nasalschwund idg. *-ãs* > germ. *-ōz* > ahd. *-â* > mdh. *-e*.

§ 74. Wie *gëbe* gehen sehr viele Feminina, vor allem auch die Adjektiv-Abstrakta auf ahd. *-ida* (ahd. *sâlida* > mhd. *sælde*).

Besonderheiten:

1. Wie in der *a*-Deklination ist auch hier Apokope bzw. Synkope des *e* nach *l, r, m, n* eingetreten (vgl. § 63), z. B. Nom.Gen.Dat.Akk.Sg. *zal*, Nom.Akk.Pl. *zal*, Gen. Dat.Pl. *zaln*; *gabel(e), keten(e)*.

2. Der Nom.Sg. mancher weiblicher Eigennamen ist ebenfalls lautgesetzlich „endungslos" gebildet wie

die o. e. langwurzligen ó-Stämme; z. B. *Kriemhilt,*
Gudrûn. Die „Endungslosigkeit" drang auch hier
manchmal in die anderen Kasus ein (Gen. *Kriemhilt*);
meist aber werden diese nach dem Typus *gëbe* (Gen.
Kriemhilde), seltener nach der *n*-Deklination, Typus
zunge, flektiert (Gen. *Kriemhilden*).

3. Die Vermischung der ó-Stämme und der fem. *n*-
Stämme (§ 83) ist im Mhd. schon so weit fort-
geschritten, daß sich für die meisten Fem. Flexionsformen nach beiden Deklinationen nachweisen lassen
(z. B. Nom. *ërde,* Gen. *ërden* neben *ërde* usw.).

4. Die femininen Abstrakta auf ahd. *î,* die im Ahd.
noch eine eigene Deklinationsklasse bildeten, gingen
im Mhd. in die ó-Deklination über. Sie haben —
wenn möglich — Umlaut des Wurzelvokals (ahd.
hôhî > mhd. *hœhe*).

§ 75. *jô*-Stämme

Schon im klass. Ahd. ist das *j,* das in einigen sehr
frühen Belegen noch auftaucht, aus der Flexion der
jô-Stämme verschwunden, und sie deklinieren ganz wie
die reinen ó-Stämme. Nur am Umlaut (*sünde*) und
an der Konsonantengemination (*sippe*) ist das ehemalige
Vorhandensein des *j* noch zu erkennen.

Es gibt auch eine Gruppe von *jô*-Stämmen, die wie
die § 73 genannten langwurzligen ó-Stämme einen lautgesetzlichen „endungslosen" Nom.Sg. hat. Dies sind die
sog. ‚movierten Feminina'. mit dem Ableitungssuffix
westgerm. **-innjō* > ahd -*in(n).* im Nom.Sg., ahd.
kuning-in, Gen. *kuning-inn-a.* Bereits in spätahd. Zeit
kommt auch der Nom.Sg. (= Akk.Sg.) *kuninginna* auf,
so daß im Mhd. nebeneinander stehen: *künegin,* oder
mit Dehnung *künegîn,* neben *küneginne.* Die „endungs-

losen" Nominative *künegin* und *künegîn* dringen auch
in die anderen Kasus ein.

§ 76. *wô*-Stämme

		mhd.		ahd.	
Sg.	Nom.	brâwe	brâ	brâwa	brâ
	Gen.	brâwe	brâ	brâwa	brâ
	Dat.	brâwe	brâ	brâwu	brâ
	Akk.	brâwe	brâ	brâwa	brâ
Pl.	Nom.	brâwe	brâ	brâwâ	brâ
	Gen.	brâwen	brân	brâwôno	brân
	Dat.	brâwen	brân	brâwôm, -ôn,	brân
	Akk.	brâwe	brâ	brâwâ	brâ

Schon im Ahd. bestanden neben den lautgerecht
entwickelten Kasusformen, in denen das *w* des stammbildenden Suffixes überall erhalten war, verkürzte
Formen. In diesen war zunächst das *w* ausgefallen (ahd.
brâ-a) und dann Kontraktion (ahd.mhd. *brâ*) bzw. Apokope (mhd. *var*) eingetreten.

In der Entwicklung zum Nhd. haben sich meist die
w-Formen durchgesetzt: mhd. *âw* > nhd. *au*, in *brâ —
brâwe* > *Braue*, *klâ — klâwe* > *Klaue*; *w* nach *r* und *l*
> nhd. *b* in: *nar — narwe* > *Narbe*, *swal — swalwe* >
Schwalbe, *var — varwe* > *Farbe*.

Keine kontrahierten, sondern nur *w*-Formen haben
Wörter mit urgerm. bzw. westgerm. *ww*, z. B. mhd.
triuwe < ahd. *triuwa* (vgl. § 35).

§ 77. *i*-Stämme

Maskulinum

		mhd.	ahd.
Sg.	Nom.	gast	gast
	Gen.	gastes	gastes
	Dat.	gaste	gaste
	Akk.	gast	gast

Pl.	Nom.	geste	gesti
	Gen.	geste	gesteo, -io, -o
	Dat.	gesten	gestim, -in, -en
	Akk.	geste	gesti

Femininum

		mhd.	ahd.
Sg.	Nom.	kraft	kraft
	Gen.	krefte, kraft	krefti
	Dat.	krefte, kraft	krefti
	Akk.	kraft	kraft
Pl.	Nom.	krefte	krefti
	Gen.	krefte	krefteo, -io, -o
	Dat.	kreften	kreftim, -in, -en
	Akk.	krefte	krefti

Der *i*-Deklination gehören im Mhd. nur noch Maskulina und Feminina an. Das stammbildende Suffix (idg. *e — o* ablautend + *i*) erscheint im Germ. als *i* (Schwundstufe), *ai* (*o*-Hochstufe) und *î* (*e*-Hochstufe). Das *i* der Schwundstufe und das *î* der *e*-Hochstufe bewirken im Ahd.Mhd. in den meisten Kasus Umlaut des Wurzelvokals; es entsteht auf diese Weise der für die *i*-Deklination charakteristische Wechsel von umgelauteten und nicht umgelauteten Kasusformen.

Der Nom. Sg. Mask. Fem. wurde mit dem schwundstufigen Stammsuffix *i* gebildet, das aber schon so früh verloren ging, daß es keinen Umlaut mehr bewirken konnte; Endung idg. *-s*: Mask. germ. **gast-i-z* > ahd. mhd. *gast;* Fem. germ. **kraft-i-z* > ahd. mhd. *kraft.*

Dieselbe Entwicklung erfuhr das *i*-Suffix des Akk. Sg. Mask. Fem., so daß der Akk.Sg. wie der Nom.Sg. umlautlos ist: germ. **gast-i-(n)* > ahd. mhd. *gast;* germ. **kraft-i-(n)* > ahd. mhd. *kraft.* Durch den Schwund von stammbildendem Suffix und Endung fielen Nom. und Akk.Sg.Mask. mit den entsprechenden Kasus der *a*-Stämme zusammen (*gast = tac*). Diese Übereinstimmung in den beiden häufigsten Kasus führte zum Übergang des gesamten Singulars der mask. *i*-Stämme in die sehr viel zahlreichere Gruppe der *a*-Stämme.

Den fem. *i*-Stämmen war diese Möglichkeit des Angleichs an eine andere Deklination nicht gegeben; denn keine andere lebendige feminine Deklination weist einen „endungslosen" Nom.Sg. auf. Daher hat sich die fem. *i*-Deklination auch im Singular bis ins Mhd. hinein erhalten.

Der „endungslose" Nom.Akk.Sg. ist nicht überall lautgesetzlich entwickelt: die kurzwurzligen *i*-Stämme sollten nach § 65 das in den Auslaut tretende Stammformans *i* bewahren, haben es aber analog zu den langwurzligen abgestoßen. Nur drei kurzwurzlige *i*-Stämme haben es im Mhd. regulär bewahrt:

> *win-e* (m.) < ahd. *win-i* „Freund",
> *tür-e* (f.) < ahd. *tur-i* „Tür",
> *kür-e* (f.) < ahd. *kur-i* „Prüfung, Wahl".

Ursprünglich gehörte auch *rise* (m.) < ahd. *risi* „Riese" in diese Gruppe; im Mhd. ist aber dieses Wort in die schwache Deklination übergetreten (Typus *hane*).

Gen.Sg.Fem. Stammformans idg. *-ei-*, Endung idg. *-es* > idg. *eīs* > germ. *-eiz* > *i(į)iz* > germ. *-īz*. Im Ahd. erscheint *-i*, das zu mhd. *-e* abgeschwächt wurde.

Dat.Sg.Fem. = endungslose Lokativform, die auf das gedehnte stammbildende Suffix endete: idg. *-ēi* > germ. *-ei* > germ. *-ī* > ahd. *-i* > mhd. *-e*.

Nom.Pl.Mask.Fem. Stammformans idg. *-ei-*, Endung idg. *-es* > germ. *-i(į)iz* > germ. *-īz* > ahd. *gest-i* > mhd. *gest-e*.

Gen.Pl.Mask.Fem. Stammformans idg. *-i-*, Endung idg. *-ōm* > germ. *-iō(n)* > ahd. *gest-io, gesto* > mhd. *gest-e.*

Dat.Pl.Mask.Fem. Stammformans idg. *-i-*, Instrumentalendung idg. *-mis*, Weiterentwicklung der Endung wie bei den *a*-Stämmen (§ 69) > ahd. *gest-i-m* > mhd. *gest-e-n.*

Akk.Pl.Mask.Fem. Stammformans idg. *-i-*, Endung idg. *-ns* > germ. *-i(n)z* > ahd. *gest-i-* > mhd. *gest-e.*

§ 78. Die Zahl der mask. und fem. *i*-Stämme ist im Mhd. recht groß. Feminina sind die Abstrakta auf *-schaft, -heit, -keit* und viele Verbalabstrakta mit *t*-Suffix, z. B. *ritterschaft, wîsheit, sælekeit, anst, geburt, gluot.*

Neben den umgelauteten Formen im Gen.Dat.Sg.Fem. (*krefte, krefte*) stehen bereits im 12. Jh. unumgelautete, „endungslose" Gen. und Dat. (*kraft, kraft*). Die dadurch entstehende Gleichheit aller vier Singularformen ist vielleicht von den fem. *ô*-Stämmen her nahegelegt, besonders von dem Apokopierungstypus *zal* (§ 74), aber auch von den Wurzelnomina (*naht*), vgl. § 88.

§ 79. *u*-Stämme

Die *u*-Deklination umfaßte im Germ. alle drei Genera, ist aber schon im Ahd. fast ganz aufgelöst; im Mhd. sind die ehemaligen *u*-Stämme in andere Deklinationen übergetreten. Das stammbildende Suffix bestand — ähnlich wie das der *i*-Deklination — im Idg. aus *e—o*-Ablaut + *u*, so daß in der germ. *u*-Deklination ein Suffixablaut zwischen *u* (Schwundstufe), *au* (*o*-Hochstufe) und *eu* (*e*-Hochstufe) herrschte.

Auch in dieser Deklination müssen wir lang- und kurzwurzlige Wörter unterscheiden:

Nom.Sg. langwurzliger Stämme Stammformans
in der Schwundstufe, Endung idg.-s: germ. *hand-u-z
> ahd.mhd. *hant*.

Schon im Ahd. waren also im Nom. und auch im
Akk.Sg. (< germ. *hand-u-m*) Stammformans und
Endung lautgesetzlich abgefallen. Die dadurch entstehende Ähnlichkeit des Nom.Akk.Sg. der langwurzligen *u*-Stämme mit den entsprechenden Kasus der *i*-
und *a*-Stämme bewirkte schon im Ahd. den Übertritt
der langwurzligen *u*-Stämme in die *i*-Deklination (selten
in die *a*-Deklination). — Einzig das langwurzlige Femininum *hant* bewahrte einige Formen nach der *u*-Dekli-
nation, die sich im Mhd. in formelhaften Wendungen
erhielten. Am Fehlen des Umlautes erkennt man, daß
sie nicht der *i*-Deklination gefolgt sind:

Dat.Pl. Stammformans in der Schwundstufe, Endung
idg. -mis: germ. *hand-u-m(i)z* > *mm* assimiliert, ahd.
hant-u-m > mhd. *handen* (*zen handen, bî handen* usw.,
vgl. nhd. *vor-handen*). Der Gen.Pl. mhd. *hande* findet
sich in stehenden Formeln wie: *maneger hande, drîer
hande* usw.; der Dat.Sg. in: *von hande zu hande*.

Der Nom.Akk.Sg. der wenigen kurzwurzligen
u-Stämme bewahrte im Ahd. lautgesetzlich das Stammformans *u*, das im Mhd. zu *e* abgeschwächt wurde:
vride, mëte, sige, site, wite, huge, sun(e) (alle mask.). Die
Erhaltung des Stammsuffixes im Nom.Akk.Sg. verhin-
derte den Übertritt der kurzwurzligen *u*-Stämme in die
i-Deklination (außer *sun(e)*); sie schlossen sich vielmehr der *ja*-Deklination an, deren Nom.Akk.Sg. ebenfalls auf *e* auslautet (§ 71). Nur *huge* ist teils als
schwaches Maskulinum belegt, teils hat es das Geschlecht gewechselt und erscheint als Femininum (ô-
oder *n*-Stamm); *vride* ist auch schwach flektiert belegt.

Auch der einzige neutrale *u*-Stamm ahd. *fihu* mhd. *vihe* ist in die *ja*-Deklination übergetreten. — Unflektiertes Ntr. ist ahd. *vilu*, mhd. *vil* (Apokope des auslautenden *e* < *u* vgl. § 63).

2. Konsonantische Deklinationen

§ 80. *n*-Stämme

		Maskulinum		Neutrum	
		mhd.	ahd.	mhd.	ahd.
Sg.	Nom.	han(e)	hano	hërze	hërza
	Gen.	hanen	hanin, -en	hërzen	hërzin, -en
	Dat.	hanen	hanin, -en	hërzen	hërzin, -en
	Akk.	hanen	hanun, -on	hërze	hërza
Pl.	Nom.	hanen	hanun, -on	hërzen	hërzun
	Gen.	hanen	hanôno	hërzen	hërzôno
	Dat.	hanen	hanôm, -ôn	hërzen	hërzôm, -ôn
	Akk.	hanen	hanun, -on	hërzen	hërzun

		Femininum	
Sg.	Nom.	zunge	zunga
	Gen.	zungen	zungûn
	Dat.	zungen	zungûn
	Akk.	zungen	zungûn
Pl.	Nom.	zungen	zungûn
	Gen.	zungen	zungôno
	Dat.	zungen	zungôm, -ôn
	Akk.	zungen	zungûn

Die *n*-Deklination (= schwache Deklination, § 68) enthält alle drei Genera. Das Stammsuffix der *n*-Deklination lautet im Idg. in der Schwundstufe *-n-*, in der Hochstufe *-en-/-on-*, in der Dehnstufe *-ēn-/-ōn-*. Während sich zum Hochdeutschen hin im Mask. und Ntr. der Ablaut des Stammformans erhalten hat (ahd. *-in-*, *-en-*; *-un- -on-*,), hat im Fem. das Stammformans eine

Vereinfachung zugunsten der $\bar{o}$-Dehnstufe erfahren, die im Ahd. als *-ôn-* oder *-ûn-* erscheint (die Formen des stammbildenden Suffixes im Ahd. *-un-* [mask.ntr.], *-ûn-* [fem.] sind wahrscheinlich durch Verdumpfung entstanden; *-en-* < *-in-*, *-on-* < *-un-* sind Abschwächungsformen). — Im Mhd. ist durch die Vokalabschwächung der Nebensilben (§§ 61. 62) der Unterschied zwischen dem Stammformans der Feminina und dem der Mask. und Ntr. ebenso verschwunden wie der Ablaut des stammbildenden Suffixes innerhalb der mask. und ntr. *n*-Deklination. Das Stammformans lautet für alle Genera und Kasus (abgesehen vom Nom. Sg. aller Genera und Akk.Sg.Ntr.) im Mhd. *-en-* und bewirkt so — da es nach dem Abfall der Endungen im Auslaut steht — den absoluten Gleichlaut der obliquen Kasus der *n*-Deklination.

Der Nom. Sg. aller drei Genera hat im Mhd. als einziger Kasus — im Neutrum natürlich auch der Akk. Sg. — kein *n* im Auslaut. Er ist asigmatisch gebildet und verlor das auslautende *-n* des gedehnten stammbildenden Suffixes: germ. *-ō(n)* > ahd. *-a* > mhd. *-e* *(hërz-e, zung-e)*. Für den Nom. Sg. Mask. ist idg. *-ō$^{(n)}$* anzusetzen, das zu germ. *-ō*, ahd. *-o* gekürzt wurde (§ 65), ahd. *han-o* > mhd. *han-e*.

§ 81. Maskuline *n*-Stämme. Die mask. *n*-Stämme sind im Mhd. sehr zahlreich. Viele haben im Nhd. das *-e* im Nom.Sg. verloren, z. B. *vürste* (< ahd. *furisto*), *smërze, stërne*; andere haben das *n* der obliquen Kasus im Nhd. auch in den Nom.Sg. übernommen, z. B. mhd. *brate* „Braten", *tropfe* „Tropfen". Diese Entwicklung setzte schon im Mhd. ein; sie veranlaßte den Übertritt vieler mask. *n*-Stämme zu den starken Deklinationen (Typus *tac, gast* bzw. *dëgen*).

Nom.Sg. s. § 80.

Gen.Sg. Stammformans idg. *-en-*, Endung idg. *-es/os*
> germ. *-in-iz/az* > ahd. *-in* > mhd. *han-en*.

Dat.Sg. Stammformans idg. *-en-*, Lokativendung idg.
-i > germ. *-in(i)* > ahd. *han-in, -en* > mhd. *han-en*.

Akk.Sg. Stammformans idg. *-on-*, Endung idg. *-m*.
Vermutlich blieb im Germ. das *o* vor *n* erhalten, also
germ. *-on-u(n)* > ahd. *han-on* oder *han-un* > mhd.
han-en.

Nom.Pl. Stammformans idg. *-on-*, Endung idg.
-es > germ. *-on-iz* (vgl. Akk.Sg.) > ahd. *-on* oder *-un* >
mhd. *han-en*.

Gen.Pl. analog zum Gen.Pl. der fem. *n*-Stämme gebildet (germ. *-ōn-ō(n)* > ahd. *-ōn-o, o* analog zu Gen.
Pl. der *a*-Stämme).

Dat.Pl. analog zum Dat.Pl. der fem. *n*-Stämme gebildet (germ. *-ōn-miz*, vereinfacht zu ahd. *-ōm*).

Akk.Pl. = die Form des Nom.Pl. wurden übernommen.

Besonderheiten:

1. Über die Apokope bzw. Synkope des *e* nach *l, r, m,
   (n)* (z.B. *ar, arn; kol, koln* „Kohle"; *swan(e), swa-
   nen*) vgl. § 63.

2. Auch männliche Eigennamen, die nach der *n*-Dekli-
   nation flektieren, haben Apokope und Synkope, z.B.
   Nom.Sg. *Etzel* neben *Etzele, Hagen* neben *Hagene,*
   Gen.Dat.Akk.Sg. *(Etzele)n, Hagenen* — *Hagen*
   (-n < -nn < -nen).

3. Bildungen mit *j*-Suffix, die im übrigen wie *n*-Stämme
   flektieren, sind nur in frühen ahd. Zeugnissen belegt.
   Im Mhd. sind solche *jan*-Stämme nur noch am Um-

laut oder an der Doppelkonsonanz zu erkennen,
z. B. ahd. *willeo, -io, -o* > mhd. *wille*; mhd. *recke*
(< vorahd. **wracceo*).

§ 82. Neutrale *n*-Stämme. Das Ntr. der *n*-Dekli-
nation umfaßt im Mhd. nur fünf Wörter: *hërze, wange*
(auch fem.), *ôre, ouge* und das Pluraletantum *diu hîwen,
hîen* „Mann und Frau, die Gatten" (§ 37, 4). In Analogie
zu den *ja*-Stämmen lautet manchmal der Nom.Akk.Pl.
auf *-e* aus, häufig bei *hërze*.

Die Formen der neutralen *n*-Stämme weichen nur im
Nom.Akk.Sg. (Bildung vgl. § 80) und Nom.Akk.Pl. von
denen der mask. *n*-Stämme ab.

Nom.Akk.Pl. Stammformans idg. *-ōn-*, „Endung"
idg. *-ā* (vgl. § 69) germ. *-ōn-ō* > *-ōn-(u)* > ahd. *herz-on*
oder *herz-un* (germ. *o* vor *n* erhalten bzw. zu *u* verdumpft) > mhd. *herz-en*.

§ 83. Feminine *n*-Stämme. Die Zahl der wie
zunge deklinierenden Fem. ist recht groß. Viele fem.
n-Stämme sind auch stark flektiert — nach der *ô*-
Deklination — belegt.

In der Formenbildung gleichen die fem. *n*-Stämme
grundsätzlich den mask. *n*-Stämmen. Jedoch erscheint
das stammbildende Suffix stets in der Dehnstufe germ.
-ōn, die im Ahd. im Gen.Dat.Akk.Sg. und Nom.Akk.Pl.
zu *-ûn-* verdumpft wurde. Über die Bildung des
Nom.Sg. vgl. § 80.

Besonderheiten:

1. Über Apokope und Synkope des *e* vgl. § 63 (*bir,
birn; videl(e), videl(e)n*).
2. Auch weibliche Eigennamen können Apokope des
Endsilben-*e* aufweisen, so steht *Blancheflûr* neben
Enîte, aber Gen.Sg. *Blancheflûren, Enîten*.

3. Das *j* der *jôn*-Stämme ist wie das der *jan*-Stämme
(§ 81) bereits im frühen Ahd. verlorengegangen und
läßt sich im Mhd. nur noch aus seinen Wirkungen
(Umlaut und Konsonantengemination) erschließen,
z. B. mhd. *mücke* < ahd. *mucca*, mhd. *vrouwe*
(< **frawwjôn*, vgl. § 35). Nur in einigen wenigen
Wörtern hat sich das *j* bis ins Mhd. bewahrt, z. B.
mhd. *winege, winige* < ahd. *winia, winija* (vgl. § 37,4).

§ 84. Neben den fem. *ôn*-Stämmen steht im Germ.
eine Gruppe von femininen Abstrakten mit dem stammbildenden Suffix *-în-*. Das *n* des Stammformans ging
schon im Ahd., nachdem es in den Auslaut getreten
war, verloren — außer im Gen. und Dat.Pl. Im Mhd.
tritt durch Abschwächung des *î* > *e* (ahd. *wîhî* > mhd.
wîhe) Zusammenfall der alten *în*-Stämme mit den *ô*-
bzw. *jô*-Stämmen (ahd. *hôhî* > mhd. *hæhe*) ein (§§ 73
bis 75).

§ 85. *es-/os*-Stämme

Die *s*-Deklination mit dem stammbildenden Suffix
idg. *-es-/-os-*, germ. *-iz-/-az*, ahd. *-ir-/-ar-* (§ 70, 3) war im
Idg. voll ausgebildet (vgl. — mit Übergang von *s* > *r* —
lat. *op-er-is, corp-or-is*). Das Ahd. hat nur wenige
s-Stämme erhalten: ahd. *lamb, kalb, huon, rind, ei, rîs,
blat, farh* „Ferkel", *luog* „Höhle". Ihre Flexion ist im
Sg. mit der der neutralen *a*-Stämme zusammengefallen,
im Pl. blieb sie erhalten. Schon im Ahd. aber macht
sich die Tendenz bemerkbar, auch Neutra, die von Haus
aus *a*-Stämme sind, im Pl. wie *r*-Stämme zu deklinieren,
um Sg. und Pl. besser zu unterscheiden. Die Pluralbildungen auf *-er* nehmen im Mhd. weiter zu und werden
im Nhd. eine der wichtigsten Pluralbildungen überhaupt.
Das stammbildende Suffix (mhd. *-er*) wurde also zu
einem Pluralcharakteristikum umgedeutet.

		mhd.	ahd.
Pl.Ntr.	Nom.	lember	lembir
	Gen.	lember(e)	lembiro
	Dat.	lember(e)n	lembirum, -un, -on
	Akk.	lember	lembir

Das stammbildende Suffix ahd. *-ir* (mhd. *-er*) bewirkte Umlaut des Wurzelvokals. — Die Endungen sind bereits in der Entwicklung zum Ahd., bis auf einen Rest im ahd. Gen.Dat.Pl., abgefallen; das Endsilben-*e* des Gen.Dat.Pl. schwindet im Mhd. nach den üblichen Regeln der Apokope und Synkope (§ 63).

Nom.Akk.Pl. stammbildendes Suffix in der *e*-Hochstufe, „Endung" idg. *-ā* (vgl. § 69): germ. **lamb-iz-ō* ($>u$) $>$ ahd. *lemb-ir* $>$ mhd. *lemb-er*.

Gen.Pl. stammbildendes Suffix in der *e*-Hochstufe, Endung idg. *-ōm* $>$ germ. *-iz-ō(n)* $>$ ahd. *-ir-o* (*o* = analog zum Gen.Pl. der *a*-Dekl.) $>$ mhd. *lemb-er-(e)*.

Dat.Pl. stammbildendes Suffix in der *e*-Hochstufe, Endung idg. *-mis*: germ. **lamb-iz-um(i)z* $>$ ahd. *lemb-ir-um* $>$ mhd. *lemb-er-(e)n*.

§ 86. *ter*-Stämme

Von den idg. *ter*-Stämmen haben sich im Germ.Hd. nur einige Verwandtschaftsbezeichnungen erhalten: mhd. *vater, bruoder, muoter, tohter, swester*. Das idg. stammbildende Suffix *-ter* (die ablautende Form *-tor* ist im Hd. zur Kasusbildung nicht verwendet) wird im Germ. zu *-þer-* bzw. *-đer-* verschoben. Hieraus erklärt sich das Nebeneinander von ahd. mhd. *va-ter* und *bruo-der* (§§ 21—25).

		mhd.	ahd.
Sg.	Nom.	bruoder	bruoder
	Gen.	bruoder (bruoders)	bruoder
	Dat.	bruoder	bruoder
	Akk.	bruoder	bruoder
Pl.	Nom.	bruoder (brüeder)	bruoder
	Gen.	bruoder (brüeder)	bruodero
	Dat.	bruodern (brüedern)	bruoderum, -un, -on
	Akk.	bruoder (brüeder)	bruoder

Das Endsilben-*e* im Gen.Dat.Pl. ist im Mhd. getilgt
(vgl. § 63). In dieser Deklination unterscheidet sich
nicht einmal der Nom.Sg. von den obliquen Kasus
(außer Dat.Pl.), obwohl auch er asigmatisch (mit der
Dehnstufe des stammbildenden Suffixes) gebildet ist
und das stammbildende Suffix also schon vom Idg. her
im Auslaut steht. (Über *r* im Auslaut s. § 64.)

Bereits im Ahd. beginnt der Abbau dieser Deklination, der im Mhd. stark voranschreitet. Die Mask. *vater*
und *bruoder* werden häufig nach der *a*-Deklination flektiert, z. B. Gen.Sg. *vater(e)s,* Dat.Sg. *vater(e)*. Die Feminina *muoter, tohter, swester* sind konstanter: sie bilden
den Sg. stets als *ter*-Stämme, den Pl. auch oft nach der
ô-Deklination. — Im Pl. der mask. und fem. *ter*-Stämme
erscheinen im Mhd. häufig Formen mit Umlaut, die
den *er*-Pluralen (§85) nachgebildet sind. Im Nhd. werden
diese Pluralformen herrschend (z. B. *Mütter, Brüder*).

§ 87. *nt*-Stämme

Das Suffix *-nt-* ist in den idg. Sprachen für die
Bildung des Part.Präs. charakteristisch. Im Germ.
bewahren nur einige substantivierte Partizipia die
alte Partizipialdeklination, während die eigentlichen

Partizipia nur das Partizipialsuffix beibehalten, im übrigen aber die Flexion der st. Adj. übernommen haben (§ 111).

Im Ahd.Mhd. sind auch diese wenigen substantivierten Partizipia des Germ. in die *a*-Deklination abgewandert, z. B. ahd. *viant, heilant, wîgant.* Nur mhd. *vriunt* kennt noch neben dem Nom.Akk.Pl. *vriund-e* (nach der *a*-Deklination) die alte Kasusform *vriu-nt,* die nach Abfall der Endung idg. *-es* auf das Stammformans auslautet (Akk. = Nom.Pl.).

§ 88. Wurzelnomina

Wurzelnomina sind Substantiva, die kein stammbildendes Suffix haben, bei denen die Endung vielmehr unmittelbar an die Wurzel antritt (lat. *urb-s, urb-is*). Man bezeichnet sie manchmal auch als ‚Wurzelstämme' und will damit zum Ausdruck bringen, daß sich hier die Begriffe Wurzel und Stamm decken. — Da die Wurzel = Stamm stets auf Konsonant endet, werden die Wurzelnomina gern zu den konsonantischen Deklinationen gestellt.

Nach dem lautgesetzlichen Abfall der Endungen bleibt im Mhd. in allen Formen außer im Gen.Dat.Pl. die reine Wurzel zurück. Am besten haben im Mhd. die Wurzelnomina *man* (m.) und *naht* (f.) die alte Deklination bewahrt.

		Maskulinum	
		mhd.	ahd.
Sg.	Nom.	man	man
	Gen.	man (mannes)	(man) mannes
	Dat.	man (manne)	man (manne)
	Akk.	man	man

Pl.	Nom.	man (manne)	man
	Gen.	manne (man)	manno
	Dat.	mannen (man)	mannum, -un, -on
	Akk.	man	man

Femininum

		mhd.	ahd.
Sg.	Nom.	naht	naht
	Gen.	naht (nahte, nehte)	naht
	Dat.	naht (nahte, nehte)	naht
	Akk.	naht	naht
Pl.	Nom.	naht (nahte, nehte)	naht
	Gen.	nahte (nehte)	nahto
	Dat.	nahten (nehten)	nahtum, -un, -on
	Akk.	naht (nahte, nehte)	naht

§ 89. Maskuline Wurzelnomina

1. Von den mask. Wurzelnomina hat *man* die alte Flexion am besten bewahrt, die sich in der Endungslosigkeit aller Kasus außer dem Gen. Dat. Pl. zeigt. Das Mhd. hat sogar die Endungslosigkeit auch auf diese beiden Kasus analogisch übertragen (mhd. Gen. Dat. Pl. *man*)! — Neben die alte Flexion als Wurzelnomen tritt aber schon im Ahd., erst recht im Mhd., die Flexion nach der *a*-Deklination (Gen. Sg. *mannes*, Dat. Sg. *manne* usw.).

2. *genôʒ* hat im Mhd. nur in drei Kasus die alte Flexion als Wurzelnomen erhalten (Dat. Sg., Nom. Akk. Pl. *genôʒ*), normal flektiert es wie ein *a*-Stamm (Gen. *genôʒes*, Dat. *genôʒe* usw.), im späten Mhd. wird die schwache Form *genôʒe* (ahd. *ginôʒo*) gebräuchlicher, wohl in Anlehnung an *geselle* und *geverte*.

3. *vuoʒ* ist im Ahd. Mhd. in die *i*-Deklination übergetreten (Pl. Nom. *vüeʒe*), von der ehemaligen Zugehörigkeit zu den Wurzelnomina zeugen nur wenige Spuren: umlautloser Dat. Pl. (*vuoʒ-en* < ahd. *fuoʒ-um*),

„endungs-" und umlautloser Nom.Akk.Pl. bei Maß-
angaben (*siben vuoʒ*), „endungsloser" Dat.Sg. vor allem
in der Wendung *ze vuoʒ*.

§ 90. Feminine Wurzelnomina

1. *naht* wird in der Regel als *i*-Stamm flektiert, umgelautete und nichtumgelautete Formen stehen dabei
nebeneinander. Es sind jedoch auch die Kasusformen
der alten wurzelnominalen Flexion erhalten (z. B. *ze
den wîhen nahten* „Weihnachten"). Als parallele Bildung
zu *tages* erscheint die Form *nahtes*, gebaut wie ein
Gen.Sg. der maskulinen *a*-Stämme.

2. *brust* ist ganz in die *i*-Deklination übergetreten,
wir finden im Mhd. nur wenige Belege für umlautlose
Pluralformen (*bruste* neben *brüste*), die der alten Flexion
entstammen.

II. Pronomina

§ 91. Nur wenige Pronomina weisen den Aufbau des
Substantivs aus Wurzel, stammbildendem Suffix und
Endung auf. Bei den meisten tritt vielmehr die Endung
unmittelbar an die Wurzel an, so daß diese zugleich
als Stamm fungiert (vgl. Wurzelnomina § 88). Man
spricht daher gern vom Pronominalstamm statt von
der Pronominalwurzel. Die Kasusendungen hat das Pronomen bis auf den Nom.Akk.Ntr. mit dem Substantiv
gemein, nur das Pronomen der 1. und 2. Person und
das Reflexivum haben abweichende Endungen.

Wir unterteilen die Pronomina in folgende Gruppen:

1. die **ungeschlechtigen Pronomina** zeigen eine
sehr eigenwillige, von den Substantiven am stärksten
abweichende Formenbildung;

2. die **geschlechtigen Pronomina** benutzen die
Endungen des Substantivs, haben jedoch kein

stammbildendes Suffix, das eine Zuordnung zu bestimmten Deklinationsklassen gestattete;

3. die Pronominaladjektiva flektieren wie die (starken, s. § 102) Adjektiva, haben also wie diese den Aufbau aus Wurzel, stammbildendem Suffix und Endung.
Über die Übernahme pronominaler ‚Endungen' in die
starke Adjektivflexion vgl. §§ 107. 108.

Auch hinsichtlich ihrer lautlichen Entwicklung nehmen die Pronomina in der historischen Grammatik des
Hochdeutschen eine Sonderstellung ein: für die meist
sehr kleinen, einsilbigen Wortkörper haben die Auslautgesetze weitgehend keine Geltung (§ 64. 65), z. B. lat. *tū*
mhd. *dû*; es besteht vielmehr das Bestreben, sie durch
Anfügen von Erweiterungssuffixen klang- und trag-
fähig zu machen (§ 95).

In satzunbetonter Stellung neigen die ungeschlechtigen und geschlechtigen Pronomina zu Proklise und
Enklise. Abschwächung des Wurzelvokals (z. B. *dû* >
du) und Apokope nach den üblichen Regeln sind
häufig.

1. Ungeschlechtige Pronomina

§ 92. Pronomen der ersten und zweiten Person

		1. Person		2. Person	
		mhd.	ahd.	mhd.	ahd.
Sg.	Nom.	ich	ih	dû, du	dû, du
	Gen.	mîn	mîn	dîn	dîn
	Dat.	mir	mir	dir	dir
	Akk.	mich	mih	dich	dih
Pl.	Nom.	wir	wir	ir	ir
	Gen.	unser	unsêr	iuwer	iuwêr
	Dat.	uns	uns	iu	iu
	Akk.	uns (unsich)	unsih	iuch	iuwih

Seit idg. Zeit sind die Pronomina der 1. und 2. Person ungeschlechtig. Sie zeichnen sich durch einen sehr verschiedenartigen Aufbau der einzelnen Kasusformen aus: sie haben mehrere Wurzeln, und sie verwenden zum Aufbau ihrer Formen ungewöhnliche Partikel oder Elemente, die sie aus anderen Kasusformen entlehnen.

Die Pronomina der 1. und 2. Person sind jeweils von vier verschiedenen Wurzeln gebildet:

Pronomen der 1. Person	Pronomen der 2. Person
Nom.Sg. idg. Wurzel *eg(h) (vgl. lat. ego)	idg. Wurzel *tū
Gen.Dat.Akk.Sg. idg. Wurzel *me-	idg. Wurzel *te-
Nom.Pl. idg. Wurzel *u̯ei-	idg. Wurzel *i̯ū-
Gen.Dat.Akk.Pl. idg. Wurzel *n̥s-	idg. Wurzel *u̯es-

Während also die obliquen Kasus jeweils von einer gemeinsamen Wurzel abgeleitet sind, zeigen die Nom. stets eine eigene Wurzel. — Die Gen. haben den Aufbau einer Form des Possessivpronomens und sind wahrscheinlich schon im Idg. von dorther übernommen worden (vgl. § 103)[1]).

§ 93. Besonderheiten

1. Die Nom.Sg. mhd. *ich, du* werden oft proklitisch oder enklitisch mit einem anderen Wort verbunden (§ 8), z. B. *daʒ ich > deich, bist du > bistu, biste, bist.*

2. Der kurze Nom.Sg. *du* (ursprünglich in satzunbetonter Stellung) hat die Langvariante *dû* (ursprünglich in satzbetonter Stellung) im Mhd. zurückgedrängt.

---

[1]) Die Ableitung der einzelnen Formen vgl. bei K r a h e , Germanische Sprachwissenschaft II §§ 31—34.

3. Alte Dualformen, die Pluralbedeutung angenommen
   haben, finden sich im Bairisch-Österreichischen des
   14./15. Jhs. (2. Pl.Nom. *ëʒ*, Dat.Akk. *ënc*).

4. Die alte Akkusativform *unsich* ist im Mhd. nur noch
   selten belegt, an ihre Stelle ist der Dat.Pl. *uns* getreten. Andererseits ist im Pronomen der 2. Person
   der alte Akk.Pl. *iuch* in den Dat. eingedrungen und
   hat diesen seit der zweiten Hälfte des 13. Jhs. allmählich immer weiter zurückgedrängt.

5. Im späteren Mhd., namentlich in md. Quellen, erscheinen die Gen. *mîner, dîner, sîner*. Sie sind anscheinend analog zu den Formen des Gen.Pl. gebildet und werden die Grundlage für die nhd. Formen.

§ 94. Reflexivum

		mhd.			ahd.
		Mask.	Fem.	Ntr.	
Sg.	Nom.	—	—	—	—
	Gen.	sîn	(ir*(e)*)	sîn	sîn (ira)
	Dat.	(ime)	(ir*(e)*)	(ime)	(imu, iru)
	Akk.	sich	sich	sich	sih
Pl.	Nom.	—	—	—	—
	Gen.	(ir*(e)*)	(ir*(e)*)	(ir*(e)*)	(iro)
	Dat.	(in)	(in)	(in)	(im)
	Akk.	sich	sich	sich	sih

Das alte Reflexivpronomen, im Ahd.Mhd. nur noch
in wenigen Resten erhalten, ist ungeschlechtig wie die
Pronomina der 1. und 2. Person, und die Kasusformen
lauten für alle Numeri (Sg., Dual., Pl.) gleich; es besitzt
seiner Funktion gemäß keinen Nom. Im Ahd.Mhd. wurden die fehlenden Formen durch das Pronomen der
3. Person — also durch geschlechtige Formen — ersetzt
(= eingeklammerte Formen im Paradigma).

Die erhaltenen echten Formen des Reflexivums beruhen auf der idg. Wurzel *se-.

Der Akk.Sg. beginnt bereits im Mhd. auch in den Dat. einzudringen; aber erst im Nhd. ist *sich* im Dat. allgemein gebräuchlich.

Der Gen.Sg.Mask.Ntr. *sîn* ist wie beim Pronomen der 1. und 2. Person aus dem Possessivum übernommen worden (vgl. § 103).

2. Geschlechtige Pronomina

§ 95. Die geschlechtigen Pronomina haben — außer im Nom.Akk.Sg.Ntr. (Endg. idg. -*d*) — keine besonderen Pronominalendungen; sie benutzen dieselben Endungen wie das Substantiv. Ihre eigentümlichen Formen verdanken sie einerseits ihrer Einsilbigkeit, andererseits gewissen Erweiterungssuffixen, idg. -*sm*-, -*(sį)*-, -*ōm* > germ. -*zm*, -*z(į)*-, -*ō(n)*.

§ 96. Pronomen der dritten Person

		Mask.		Ntr.	
		mhd.	ahd.	mhd.	ahd.
Sg.	Nom.	ër	ër	ëʒ	iʒ
	Gen.	sîn (es)	sîn	ës	ës, is
	Dat.	im(e)	imu, imo	im(e)	imu, imo
	Akk.	in (inen)	inan, in	ëʒ	iʒ
Pl.	Nom.	sie	sie	siu	siu
	Gen.	ir(e)	iro	ir(e)	iro
	Dat.	in	im, in	in	im, in
	Akk.	sie	sie	siu	siu

		Fem.	
		mhd.	ahd.
Sg.	Nom.	siu, sî	siu, sî
	Gen.	ir(e)	ira
	Dat.	ir(e)	iru, iro
	Akk.	sie	sia

Pl.	Nom.	sie	sio
	Gen.	ir(e)	iro
	Dat.	in	im, in
	Akk.	sie	sio

Das Pronomen der 3. Person besitzt alle drei Genera. In der Flexion sind Mask. und Ntr. im Singular sehr ähnlich. Im Plural sind die drei Flexionen im Mhd. kaum noch unterschieden.

Das Pronomen der 3. Person ist von zwei Wurzeln gebildet:

1. idg. *ei/i-, hiervon kommt für die Bildung der hd. Formen nur die Schwundstufe *i- in Betracht. Von dieser Schwundstufe sind im Mhd. alle mit e oder i anlautenden Formen gebildet.

Beispiele: Nom.Sg.Mask. idg. *i+ Nom.Endg. -s > germ. *iʒ > ahd. ir; diese für das Ahd. zu erwartende Form ist nur selten belegt, die durchaus vorherrschende lautet ahd. ĕr, die im Mhd. ausschließlich gilt (Herkunft des ĕ ist unklar).

Nom.Akk.Sg.Ntr. idg. *i+ spezielle pronominale Endg. d (lat. i-d) > germ. *it > ahd. iȝ > mhd. ĕȝ (seltener iȝ).

2. eine idg. mit s anlautende Wurzel. Diese liegt den mit s anlautenden mhd. Kasusformen zugrunde, z. B. Nom.Sg.Fem. idg. *si+ā (Nom.-Zeichen der fem. ā/ō-Stämme) > germ. *siō > ahd.mhd. siu (§ 65). Hier ist also die ursprüngliche Nominativbildung der ō-Stämme bewahrt, die in der eigentlichen Flexion der ō-Stämme durch die Akkusativform verdrängt ist (§ 73). — Neben germ. *siō steht germ. *sī > ahd. mhd. sî.

Über den Aufbau der anderen Kasus des Pronomens der 3. Person vgl. das Demonstrativpronomen, dessen Endungen und Erweiterungssuffixe auch den Formen des Pronomens der 3. Person zukommen (§ 98).

§ 97. Besonderheiten

1. Der Gen.Sg.Mask. *sîn* ist schon ahd. vom Reflexivpronomen her übernommen worden; der lautgesetzlich entwickelte Gen. *ës* findet sich nur im Ntr.

2. Im Akk.Sg.Mask. bestehen ahd. und mhd. zwei Formen nebeneinander: ahd. *in* (selten) und *inan* (gebräuchliche Form); mhd. *in* (gebräuchliche Form) und *inen* (selten). Die Form ahd.mhd. *in* ist lautgesetzlich entwickelt (vgl. *dën*, § 98). Die Entstehung der Form ahd. *inan* mhd. *inen* ist dagegen schwer zu erklären. Wahrscheinlich ist hier im Germ. an die Akkusativform **in* eine Partikel *-ō(n)* angetreten (§ 95); das in einfach gedecktem Auslaut stehende *ō* mußte zu ahd. *a* werden (vgl. got. *ina*). An die so entstehende Form **in-a* wurde nochmals die Akkusativendung germ. *-n* angehängt: *in-a-n*. Diese erweiterte Akkusativform ist für die starke Adjektivflexion von Bedeutung.

3. Neben dem lautgesetzlichen *siu* bzw. *sî* im Nom. Sg.Fem. stehen ahd.mhd. die Abschwächungsformen *si*, *se* und im Mhd. das aus dem Akk.Sg. eingedrungene *sie*. Umgekehrt übernimmt im Mhd. der Akk.Sg.Fem. auch die Formen *sî*, *si*. Zur Vereinheitlichung der Pluralformen aller drei Genera trägt im Mhd. das Eindringen der Form *sî* bzw. *si* in den Nom.Akk. aller Geschlechter und der Form *sie* in den Nom.Akk.Ntr. bei.

4. Auch die Pronomina der 3. Person neigen zur Proklise und Enklise, z. B. *dô si* > *dôs, daʒ ëʒ* > *daʒʒ* > *daʒ.*

§ 98. Bestimmter Artikel und Demonstrativpronomen

		Maskulinum		Neutrum	
		mhd.	ahd.	mhd.	ahd.
Sg.	Nom.	dër	dër	daʒ	daʒ
	Gen.	dës	dës	dës	dës
	Dat.	dëm(e)	dëmu, dëmo	dëm(e)	dëmu, dëmo
	Akk.	dën	dën	daʒ	daʒ
	Instr.			diu	diu
Pl.	Nom.	die	dê, dea	diu	diu
	Gen.	dër(e)	dia, die	dër(e)	dëro
			dëro		
	Dat.	dën	dêm, dên	dën	dêm, dên
	Akk.	die	dê, dea	diu	diu
			dia, die		

		Femininum	
		mhd.	ahd.
Sg.	Nom.	diu	diu
	Gen.	dër(e)	dëra
	Dat.	dër(e)	dëru, dëro
	Akk.	die	dea, dia
	Instr.		
Pl.	Nom.	die	deo, dio
	Gen.	dër(e)	dëro
	Dat.	dën	dêm, dên
	Akk.	die	deo, dio

Das Pronomen *dër, diu, daʒ* diente noch im Ahd. als Demonstrativpronomen, neben dem das zusammengesetzte, verstärkte Demonstrativum *dësêr, dësiu, diz* stand. Im Mhd. verliert *dër, diu, daʒ* immer mehr seinen deiktischen (= hinweisenden) Charakter und wird als

bloßer Artikel gebraucht, während das zusammengesetzte Demonstrativum seine Stelle einnimmt.

Der bestimmte Artikel (das alte Demonstrativpronomen) beruht im Ahd.Mhd. auf der idg. Wurzel
te/to bzw. der erweiterten Wurzel *toi* sowie *t(i)ā*.
Mehrere Kasus sind mit den § 95 erwähnten Erweiterungssuffixen gebildet.

Sg.Mask. Nom. ist nicht vom Idg. her zu entwickeln.
Ahd. *dër* hat den Anlaut *dĕ*-den obliquen Kasus nachgebildet und die Endung des Nom.Sg.
Mask. des Pronomens der 3. Person übernommen. — Es besteht daneben eine Form
ohne die analogisch angefügte Endung *-r*, die
ahd. *dê*, (auch wie ein *ê²* diphthongiert
dia, die), mhd. *dê* (auch *die*), *de* lautet.

Gen. idg. *te-so* > germ. *þĕs(a)* > ahd.mhd.
dĕs.

Dat. idg. *te-sm-ō* (Instrumentalform) >
germ. *þĕzmō* (*zm* > *mm* >*m*) > ahd. *dĕmu*,
dĕmo > mhd. *dĕm(e)*.

Akk. idg. *to-m* > germ. *þan*; ahd.mhd.
dĕn hat den *ĕ* statt *a* in Analogie zu den übrigen
Kasus.

Sg.Ntr. Nom.Akk. idg. *to-d* > germ. *þat* > ahd.
mhd. *daʒ* (abgeschwächt: *deʒ*).
Gen.Dat. vgl. Mask.
Instr. idg. *tįō* > germ. *þiō* > ahd.mhd.
diu.

Sg.Fem. Nom. idg. *siā* > germ. *siō* > westgerm.
siu; ahd. *diu* hat den Anlaut der obliquen
Kasus übernommen.
Gen. germ. *þĕ-z-ōz* > ahd. *dĕra* > mhd.
der(e).

Dat. germ. *þë-z-ō (Instrumentalausgang) > ahd. dëru, dëro mhd. dër(e).

Akk. idg. *tiā-m > germ. *þiō(n) > ahd. dea, dia > mhd. die.

Pl. Mask. Nom. idg. *toi > germ. *þai > ahd. dê, dea, dia, die > mhd. die. Das ahd. ê der ältesten Formen wird wie ein ê² behandelt und demgemäß diphthongiert (§ 51).

Gen. germ. *þë-z-ō(n) > ahd. dëro (vgl. tago, § 69) > mhd. dër(e).

Dat. idg. *toi-mis > germ. *þaimiz (mz > mm > m) > ahd. dêm, dên > mhd. den.

Akk. ahd. mhd. Nominativform übernommen.

Pl. Ntr. Nom. Akk. idg. *tiā > germ. *þiō > ahd. mhd. diu (vgl. Nom.Sg.Fem.).

Gen. Dat. vgl. Mask.

Pl. Fem. Nom. Akk. ahd. deo, dio > mhd. die. Entstehung ist unklar.

Gen. Dat. vgl. Mask.

§ 99. Zusammengesetztes Demonstrativpronomen

Maskulinum

	mhd.	ahd.
Sg. Nom.	dise, dëser, diser, dirre	dëse, dësêr, disêr, dirro
Gen.	disse, dis, disses, dises	dësse, dësses, disses dëses
Dat.	disem(e)	dësemu, dësemo, disemo
Akk.	disen	dësan, disen
Pl. Nom.	dise	dëse, dise
Gen.	dirre	dësero, dërero, dërro, dirro
Dat.	disen	dësêm, -ên, disên
Akk.	dise	dëse, dise

Neutrum

Sg. Nom. Akk.	ditze, diz	diz, dëzzi, dizi
Pl. Nom. Akk.	disiu	dësiu, disiu

Die übrigen Formen = Mask.

Femininum

Sg. Nom.	disiu	dësiu, disiu
Gen.	diser(e), dirre	dësera, dërera, dërra, -o, dirro
Dat.	diser(e), dirre	dëseru, dëreru, dërru, -a, dirro
Akk.	dise	dësa, disa
Pl. Nom. Akk.	dise	dëso, dise
Gen. Dat.	wie Mask. Ntr.	

Das zusammengesetzte Demonstrativpronomen ist nach folgendem Prinzip gebildet: an die Formen des einfachen Demonstrativums (= bestimmter Artikel) wird eine Verstärkungspartikel ahd. -se- (< sê < sai?) angefügt. Das führt zu einer innerwortlichen Flexion (1. Stufe), die ungewohnt erscheinen mußte. Die Flexionssendung wurde daher am Wortende wiederholt; es entstanden also doppelt flektierte Kasusformen (2. Stufe). Diese wurden aber schon bald vereinfacht, indem die innerwortliche Flexion aufgegeben wurde und nur die Flexion am Wortende erhalten blieb (3. Stufe). — Von allen drei Stufen finden sich Formen in der Flexion des zusammengesetzten Demonstrativums:

1. Stufe

Nom. Sg. Mask. *di — se* (ahd. *dë — se*)

Gen. Sg. Mask. *dis — se* (ahd. *dës — se*)

2. Stufe

Gen. Sg. Mask. Ntr. *dis — se — s* (ahd. *dës — se — s*)

3. Stufe alle übrigen Formen; z. B.

Dat. Sg. Mask. *di — se — m(e)* (ahd. *dë — se — mo*)
Gen. Sg. Fem. *di — se — r(e)* (ahd. *dë — se — ra*).

Ganz abweichend von diesen Bildungen und unerklärt ist der Nom. Akk. Sg. Ntr. ahd. *diz*, mhd. *diz, ditze*. In der ahd. Flexion ist diese Form die einzige, die den Wurzelvokal *i* hat. Vielleicht gab sie den Anstoß zu der Umwandlung des Wurzelvokals *ë* zu *i* in allen mhd. Formen.

Innerhalb der Entwicklung des Ahd. wird im Gen. Dat. Sg. Fem. und Gen. Pl. aller drei Geschlechter *s* an *r* assimiliert, z. B. *dësera > dërera; dësero > dërero*. Durch Synkope entstehen dann die im Mhd. geltenden Formen: ahd. *dërra, dërro*; mhd. *dirre*. Diese Form wird dann auch auf den Nom. Sg. Mask. übertragen.

§ 100. Interrogativpronomen *wër, waȝ*

		Maskulinum/Femininum		Neutrum	
		mhd.	ahd.	mhd.	ahd.
Sg.	Nom.	wër	(h)wër	waȝ	(h)waȝ
	Gen.	wës	(h)wës	wës	(h)wës
	Dat.	wëm(e)	(h)wëmu, -o	wëm(e)	(h)wëmu, -o
	Akk.	wën	(h)wënan, wën	waȝ	(h)waȝ
	Inst.			wiu	(h)wiu

Das Pronomen *wër, waȝ* besitzt keinen Plural und keine besonderen Formen für das Femininum. Dem Pronomen liegt eine idg. Wurzel *q^uë-/q^uo-* zugrunde (lat. *quis, quod*). In der ersten Lautverschiebung wurde idg. *q^u* > germ. *hw* verschoben (§ 16), so daß die ältesten ahd. Formen *hwër, hwaȝ* lauteten. Das anlautende *h* schwand schon frühzeitig. — Wie beim Demonstrativpronomen wird nur der Nom. Akk. Sg. Ntr. von der *o*-Hochstufe der Wurzel gebildet. Die Formen-

bildungen sind im übrigen dieselben wie beim Demonstrativum (§ 98).

§ 101. Relativpronomen

Das idg. Relativum ist in den germ. Sprachen nicht
mehr vorhanden. Im Ahd. Mhd. wird das einfache Demonstrativum (= best. Artikel) *dër, diu, daz* zum re-
lativen Anschluß verwendet. Es erhält den relativischen
Charakter allein durch seine Stellung im Satz, d. h.
wenn es am Anfang eines Nebensatzes stehend diesen
mit dem vorangehenden Hauptsatz verbindet. Diese
Regelung gilt auch noch für das Nhd.

Im Ahd. fungierten die Interrogativpronomina *wër*
und *welih* (§ 104) als verallgemeinernde Relativa,
wenn sie mit vor- und nachgesetztem *sô* verbunden
waren: *sô wër sô* „wer auch immer, jeder der",
sô welih sô „was auch immer, alles was"; im 9. Jh.
wurde das zweite *sô* schon oft weggelassen: *sô wër,
sô welih,* und schließlich verschmolzen spätahd. beide
Worte zu *swër* und *swelih.* In dieser Gestalt treten sie
als verallgemeinernde Relativa im Mhd. auf. In spätmhd. Zeit verlieren sie das anlautende *s* (*wër, welch*);
wër bleibt verallgemeinerndes Relativum — auch im
Nhd. — *welch* dagegen wird ein echtes Relativum.

3. Pronominaladjektiva

§ 102. Pronominaladjektiva sind Pronomina, die wie ein
Adjektiv flektieren. Sie weisen ursprünglich nur die Formen des starken Adjektivs auf — ausgenommen *ein* und
sëlp (§§ 105. 106) —, und zwar zeigen der Nom.Sg. aller
Genera und der Akk.Sg.Ntr. meist nur die unflektierten Formen, oft auch der Akk.Sg.Fem. (vgl. § 107).
Im Mhd. werden schwache Formen des Possessivums
neugebildet.

§ 103. Possessivpronomen

Das Possessivpronomen steht mit den Pronomina der
1. und 2. Person und dem Reflexivum in engem Zu-
sammenhang, weil es aus denselben idg. Wurzeln abgeleitet ist.

In der 1. und 2. Person Sg. und Pl. haben sich im
Ahd.Mhd. die alten Possessivformen erhalten. In der
3. Person Sg. weisen nur Mask. und Ntr. Possessivformen auf, während diese Formen im Fem.Sg. und im
ganzen Plural durch die entsprechenden Genitive des
Pronomens der 3. Person ersetzt werden.

1. Pers. Sg.Nom.	*mîn*	Pl.	*unser*
2. Pers. Sg.Nom.	*dîn*	Pl.	*iuwer*
3. Pers. Sg.Nom.	*sîn* (Mask.)	Pl.	*(ir(e))*
	(ir(e)) (Fem.)	Pl.	*(ir(e))*
	sîn (Ntr.)	Pl.	*(ir(e))*

Dem Singular des Possessivums liegen alte Lokative
des Pronomens der 1. und 2. Person bzw. des Reflexivums zugrunde: idg. **me-i*, **te-i*, **se-i*, an die zunächst
das Suffix idg. *-n-*, dann das stammbildende Suffix im
e—o-Ablaut und endlich die Adjektivendung antrat,
z. B. idg. **me-i-n-o-s* (ursprüngliche Bedeutung: ,,bei
mir befindlich, zu mir gehörig") > germ. *mīnaz* > ahd.
mhd. *mîn*. — Im Plural trat an die Wurzeln der Per-
sonalpronomina der 1. und 2. Person ein Suffix idg.
-er-, z. B. idg. **n̥s-er-o-s* > germ. **unseraz* > ahd.mhd.
unser.

§ 104. Interrogativpronomina

Das Interrogativpronomen *wëder* ,,wer von beiden?" ist
von der Wurzel des Interrogativums *wër* (§ 100) abgeleitet,
z. B. idg. **q*^{u}*e-* + Suffix *-ter-* + stammbildendes Suffix
-o- + Endung *-s* > germ. **hwë-þer-a-z* > ahd. *(h)wëdar* >

mhd. *wëder.* — Der neutrale Nom. Sg. (unflektierte Form) *wëder* dient im Mhd. zur Einleitung einer Doppelfrage (*wëder . . . oder*).

Das Pronomen *w e l c h* ist von der ablautenden Wurzel idg. *$q^w o$-* gebildet, an die im Germ. das substantivische Suffix germ. *$l\bar{\imath}k$-* (= „Körper, Gestalt") antrat, so daß als ursprüngliche Bedeutung dieses Pronomens anzusetzen ist: „was für einen Körper, eine Gestalt habend? > wie beschaffen? Germ. *$hwa-l\bar{\imath}k-a-\textit{z}$* > ahd. *hwalih* > *(h)welih* > mhd. *welich, welch.*

Eng verwandt mit dem Interrogativum *welch* ist das Pronomen *s o l c h* (< germ. *$swa-l\bar{\imath}k-a-\textit{z}$*), das ursprünglich als Korrelativum neben dem Interrogativum ahd. *weolîh*, mhd. *w i e l î c h* „wie beschaffen?" stand. *wielîch* ist im Mhd. veraltet — nur noch in md. Texten häufiger — und wird durch *wie getân* ersetzt. Dazu wird als Korrelativ *sô getân* neu gebildet. Aber das alte Korrelativ *solch* bleibt durchaus neben dem neuen *sô getân* erhalten.

§ 105. Indefinita.

Komposita auf *-lîch*: *gelîch* „jeder" (m. Gen. Pl.), z. B. *aller tiere gelîch* „jedes Tier"; ahd. *tago gilîh* > *tagogilîh* > *tagelîch* > mhd. *tägelîch, tegelîch*; ahd. *eo gilîh* > *io gilîh* > *iogilîh* > mhd. *iegelîch* „jeder beliebige, jeglicher".

ëtelîch, ëteslîch „irgendeiner, mancher".

sumelîch, sümelîch „irgendeiner, mancher"; abgeleitet vom Simplex ahd. mhd. *sum* „irgendeiner, mancher", das im Mhd. veraltet.

e i n (< germ. *$ain-a-\textit{z}$* < idg. *$oin-o-s$*) hat drei Funktionen:

1. Zahlwort „eins, einzig, allein, alleinig" (§ 116);
    a) das Zahlwort *ein* flektiert grundsätzlich wie ein starkes Adjektiv, jedoch ist ahd. mhd. nach einem

Pron. oder dem bestimmten Artikel auch die schwache Flexion belegt;

b) das Zahlwort *ein* in der Bedeutung „allein" flektiert schwach;

c) das substantivierte Zahlwort flektiert stark, wenn es ohne Artikel gebraucht ist;

d) das substantivierte Zahlwort flektiert schwach, wenn ein Artikel vorangeht.

2. Indefinitpronomen „irgendein, ein gewisser"

   a) das Indefinitpronomen *ein* flektiert grundsätzlich wie ein starkes Adjektiv;

   b) das substantivierte Indefinitpronomen flektiert stark, wenn es ohne Artikel steht;

   c) das substantivierte Indefinitpronomen flektiert schwach, wenn ein bestimmter Artikel vorangeht.

3. Der unbestimmte Artikel *ein* flektiert stark.

Die Komposita mit *ein* z. B. *dehein* „irgendeiner", *nehein* „keiner" flektieren wie ein starkes Adjektiv.

§106. Demonstrativa *sëlp, jëner*

Das Demonstrativum *sëlp* weist neben der starken auch die schwache Adjektivflexion auf, also *sëlp, sëlber* neben *sëlbe. jëner* (auch *ëner*) flektiert nur stark.

III. Adjektiva

§ 107. Im Idg. war das Adjektiv grundsätzlich in Flexion und Klassenbildung nicht vom Substantiv unterschieden. Neben den vokalischen Stämmen gab es wie beim Substantiv auch konsonantische Stämme, die aber im Germ. bis auf die *n*-Stämme ausgestorben sind. Das Germ. führte zwei Neuerungen ein:

1. jedes Adjektiv kann sowohl stark (d. h. mit vokalischer Stammbildung) als auch schwach (als *n*-Stamm) dekliniert werden;

2. in die starke Adjektivflexion, die ursprünglich genau
der substantivischen Flexion entsprach, dringen pronominale Formen ein. Im Nom. Sg. aller drei Geschlechter und im Akk. Sg. Ntr. des starken Adjektivs führt diese germ. Neuerung dazu, daß zwei
Formen nebeneinander bestehen: eine substantivische
(sog. unflektierte) und eine pronominale (sog. flektierte) Form. In attributiver Stellung können im Mhd.
beide Formen erscheinen, in prädikativer Stellung ist
die unflektierte, substantivische Form vorherrschend,
aber noch nicht wie im Nhd. alleinherrschend. — Die
unflektierte Form des Nom. Sg. wird in prädikativer
Stellung auch für den Nom. Pl. verwendet *(die tage sint
lanc)*. In allen übrigen Kasus erscheint sie, wenn das
adjektivische Attribut n a c h g e s t e l l t wird *(von dirre
maget guot)*.

1. Starke Adjektivflexion

§ 108. Die pronominal gebildeten Formen sind *kursiv*
gesetzt.

Maskulinum

		mhd.	ahd.
Sg.	Nom.	blint, *blinder*	blint, *blintêr*
	Gen.	blindes	blintes
	Dat.	*blindem(e)*	*blintemu, -emo*
	Akk.	*blinden*	*blintan*
Pl.	Nom.	*blinde*	*blinte*
	Gen.	*blinder(e)*	*blintero*
	Dat.	*blinden*	*blintêm, -ên*
	Akk.	*blinde*	*blinte*

Neutrum

		mhd.	ahd.
Sg.	Nom.	blint, *blindeȝ*	blint, *blintaȝ*
	Akk.	blint, *blindeȝ*	blint, *blintaȝ*
	Gen. Dat.	= Mask.	

Pl.	Nom.	*blindiu*	*blintiu*
	Akk.	*blindiu*	*blintiu*
	Gen.Dat.	= Mask.	

Femininum

Sg.	Nom.	blint, *blindiu*	blint, *blintiu*
	Gen.	*blinder(e)*	*blintera*
	Dat.	*blinder(e)*	*blinteru, -ero*
	Akk.	blinde	blinta
Pl.	Nom.	*blinde*	*blinto*
	Gen.	*blinder(e)*	*blintero*
	Dat.	*blinden*	*blintêm, -ên*
	Akk.	*blinde*	*blinto*

Substantivische Formen. Nur noch wenige Singularformen sind der substantivischen Flexion treu geblieben:

Nom.Sg.Mask. *blint* < germ. **blind-a-z* (= *tac*, § 69).

Nom.Akk.Sg.Ntr. *blint* < germ. **blind-a-(n)* (= *wort*, § 69).

Nom.Sg.Fem. *blint* < germ. **blind-ō* (= *buoʒ*, § 73). Diese Form entspricht den wenigen lautgesetzlich entwickelten langwurzligen *ō*-Stämmen, die im Nom.Sg. „endungslos" erscheinen.

Gen.Sg.Mask.Ntr. *blindes* < germ. **blind-e-s(a)* (= *tages* bzw. *wortes*, § 69); kann auch pronominal erklärt werden (= *dës*).

Akk.Sg.Fem. *blinde* < germ. **blind-ō-(n)* (= *gëbe*, § 73); kann auch pronominal erklärt werden (= *die*, § 98).

Die pronominalen Formen entsprechen der Flexion der geschlechtigen Pronomina, z. B.

Nom.Sg.Mask. *blinder* = *ër*, *dër* (§§ 96. 98),

Nom.Sg.Fem. *blindiu* = *siu*, *diu* (§§ 96. 98),

Nom. Akk. Sg. Ntr. *blinde₃* = *ë₃, da₃* (§§ 96. 98),
Akk. Sg. Mask. *blinden* = *inen* (§ 97); usw.

§ 109. In der starken Adjektivflexion des Ahd. Mhd.
sind nur noch *a-/ô*-Stämme neben *ja-/jô*-Stämmen enthalten. Die noch im Germ. vorhandenen adjektivischen
i- und *u*-Stämme sind in die *ja-/jô*-Deklination übergetreten.

Wie *blint* flektieren alle reinen *a-/ô*-Stämme. Sie
sind von den *ja-/jô*-Stämmen dadurch deutlich unterschieden, daß sie in den unflektierten Formen auf Konsonant ausgehen.

Die adjektivischen *ja-/jô*-Stämme sind in gleicher
Weise wie die entsprechenden Substantiva charakterisiert (vgl. §§ 71. 75). Die substantivischen Formen des
Nom. Sg. und die des Akk. Sg. Ntr. enden also mhd.
auf *-e: mære* (< ahd. *mâri*) „berühmt" = *hirte* (ahd.
hirti), *sünde* (ahd. *sunt(i)a*), *künne* (ahd. *kunni*).

Die *wa/wô*-Stämme sind selten. Sie haben inlautend das *w* des stammbildenden Suffixes bewahrt
(z. B. *blâwer, falwer*). Überall da, wo das *w* in den Auslaut trat, wurde es vokalisiert und ist im Mhd. geschwunden (§ 72. 76): *blâ* (ahd. *blâo*) = *sê* (ahd. *sêo*),
brâ (ahd. *brâwa, brâa*); *gar(e)* (ahd. *garo*) = *hor(e)*
(ahd. *horo*).

Apokope und Synkope traten auch bei den Adjektiven nach den üblichen Regeln ein (§ 63).

2. Schwache Adjektivflexion

§ 110. Die schwache Adjektivflexion gleicht genau
der Flexion der *n*-Stämme:

	Maskulinum	Femininum	Neutrum
Sg. Nom.	*blinde*	*blinde*	*blinde*
Gen.	*blinden* usw.	*blinden* usw.	*blinden* usw.

(vgl. §§ 80—83)

n-Stämme sind ursprünglich individualisierende Bildungen. So sind z. B. die bekannten Cognomina des Lateinischen häufig *n*-Stämme: *Cicero-nis*, *Cato-nis*, *Scipio-nis*. Das schwache Adjektiv wird daher immer in Verbindung mit einem Substantiv oder einem Pronomen — zumal nach dem bestimmten Artikel — stehen.

3. Flexion der Partizipia

§ 111. Die Partizipia flektieren wie normale Adjektiva, also mit starker und schwacher Flexion. Die Partizipia des Präteritums werden wie *a-/ô*-Stämme dekliniert, die Partizipia des Präsens dagegen wie *ja-/jô*-Stämme; die unflektierten Formen enden also auf *-e*: *nëmende* (ahd. *nëmanti*).

4. Steigerung

§ 112. Die beiden Steigerungsstufen ‚Komparativ‘ und ‚Superlativ‘ (Grundstufe = Positiv) werden in den germ. Sprachen auf zwei verschiedene Weisen gebildet:

1. durch ein aus dem Idg. ererbtes Steigerungssuffix *-iz/-is* (< idg. *-is*) > ahd. *-ir* (§ 25) / *is*;

2. durch ein erst im Germ. entwickeltes Steigerungssuffix *-ôz/-ôs* > ahd. *-ôr/-ôs*.

An *-iz* bzw. *-ôz* ist im Komparativ das idg. *-en-/-on-*Suffix der schwachen Deklination, im Superlativ ist an *-is-* bzw. *-ôs-* ein idg. *t*-Suffix angetreten, z. B. ahd. Positiv: *lang*, Komparativ: *leng-ir-o* (= *hano*, § 81) < germ. *lang-iz-ô, Superlativ: *leng-is-t-o* < germ. *lang-is-t-ô; Positiv: *sâlîg*, Komparativ: *sâlîg-ôr-o*, Superlativ: *sâlîg-ôs-t-o*.

Im Mhd. sind die ahd. Steigerungsformen auf *-iro*, *-isto* und *-ôro*, *-ôsto* durch die Abschwächung der Nebensilbenvokale zusammengefallen: *lengiro* > *lenger(e)*. *len-*

gisto > *lengest(e)*; *hôhôro* > *hôher(e)*, *hôhôsto* > *hô-hest(e)*. Nur das Alem. kennt noch die Formen mit *ô* bzw. abgeschwächt *ŏ* (§ 167,3).

Die mehrsilbigen und zusammengesetzten *a-/ô*-Stämme verwendeten im Ahd. stets die *ô*-Bildung, während bei den einsilbigen *a-/ô*-Stämmen beide Bildungen möglich waren. Die Steigerungsformen der *ja-/-jô*-Stämme wiesen im Ahd. fast durchweg das mit *i* gebildete Suffix auf. Die Steigerung auf ahd. *-iro/-isto* läßt sich im Mhd. oft am Umlaut des Wurzelvokals erkennen. Die einsilbigen *a-/ô*-Stämme haben oft umgelautete (*i*-Bildung) und nichtumgelautete Formen (*ô*-Bildung) nebeneinander, z. B. *alt — alter, elter*; *arm — armer, ermer*; *lanc — langer, lenger*.

Im Ahd. werden sowohl der Komparativ als auch der Superlativ nur schwach flektiert, im Mhd. wird die starke Flexion neben der schwachen üblich.

Apokope und Synkope treten wie bei den ungesteigerten Adjektiven ein.

§ 113. Die Adjektiva mit der Bedeutung „gut", „schlecht", „klein", „groß" bilden auch im Hochdeutschen wie in den meisten idg. Sprachen den Komparativ und Superlativ aus einem anderen Wortstamm als den Positiv (sog. Suppletivsteigerung):

guot — bezzer(e) — bezzest(e), beste (< ahd. *guot, bez-ziro, bezzisto*)

übel — wirser(e) — wirsest(e), wirste (< ahd. *ubil, wir-siro, wirsisto*)

lützel — minner(e), minre — minn(e)st(e), minste (< ahd. *luzzil, minniro, minnisto*)

michel — mêr(e) — meist(e) (< ahd. *michil, mêro, meisto*)

Neben dem lautgesetzlichen Komparativ *mêr(e)* <
ahd. *mêro* steht mhd. *mêrer(e)* (mit Synkope: *mêrre*,
gekürzt: *merre*), das auf ahd. *mêriro, mêrôro* zurück-
geht. Diese ahd. Sonderformen entstanden durch das
nochmalige Anfügen des Komparativsuffixes an die
Komparativform. — Die Nebenformen im Komparativ
minre und im Superlativ *beste, wirste, minste* entstanden
durch Synkope (§ 61).

Einigen Komparativen und Superlativen fehlt der
adjektivische Positiv; er wird z. T. durch begriffs-
verwandte Adverbia und Präpositionen ersetzt, z. B.

(ê, êr) — *êrer(e), êrre, erre*	—	*êr(e)st(e)*
„vorher" — = lat. *prior*	—	= lat. *primus*
(obe) — *ober(e)*	—	*ober(e)st(e)*
„oben" — „oberer"	—	„oberst, höchst"
(ûz, ûzer) — *ûzer(e)*	—	*ûzer(e)st(e)*
„aus, heraus" — „äußere"	—	„äußerste"

5. Adjektivadverbia

§ 114. Die meisten Adjektivadverbia des Mhd. gehen
auf eine idg. neutrale Ablativform der *o*-Stämme *-ôd*
zurück (vgl. lat. *citō, subitō*). Sie enden im Ahd. auf
-o, im Mhd. auf *-e* und unterscheiden sich dadurch
deutlich von den „endungslosen" Nominativen der Adjektiva: Adj. *lanc*, Adv. *lange* < ahd. *lango*.

Bei den *ja-/jô*-Adjektiven fällt diese einfache Unter-
scheidung zwischen Adverb und Adjektiv fort, weil hier
auch das Adj. auf *-e* endet (*mære*). Während aber die
ja-/jô-Adjektiva — wenn möglich — Umlaut aufweisen,
fehlt dieser in der Regel bei ihren Adverbien; denn bei
den Adverbien trat die adverbiale Endung unmittelbar
an die Wurzel. Adj. *schœne* gegen Adv. *schône*, Adj.
swære — Adv. *swâre*, Adj. *süeze* — Adv. *suoze*, Adj.

veste — Adv. *vaste*; aber Ausgleichsformen: Adj. *stæte*,
Adv. *stæte*, ebenso mehrsilbige: Adj. und Adv. *edele*.
Nicht alle Adjektiva bilden ein Adverb auf mhd. *-e*.
Sehr beliebt und verbreitet wird im Mhd. die Adverbial-
bildung auf *-lîche* (< ahd. *-lîcho*), *-liche* bzw. *-lîchen*,
-lichen, die ursprünglich nur den Adjektiven auf *-lîch*
zukam. — Wie die Adverbbildung auf ahd. *-o*, mhd. *-e*
eigentlich eine alte idg. Ablativform ist, so können auch
andere erstarrte Kasusformen adverbielle Bedeutung
erhalten, z. B. Akk.Sg.Ntr. *lützel*, *vil* (< ahd. *filu*,
vgl. § 79), *wênec, genuoc*; Gen.Sg. *alleswâ* „anderswo";
Dat.Sg. *enmitten, zêrest, ze wâre*; Dat. Pl. *mitten, hêr-
lîchen*. — Das Adverb zu *guot* ist *wol*.
Das Adverb der Steigerungsgrade ist mit der starken
unflektierten Form des Akk.Sg.Ntr. des Komparativs
und Superlativs gleichlautend. Da das Komparativadverb stets mit dem *ô*-Suffix gebildet wurde, ist es
mhd. stets umlautlos. Auch der Superlativ zeigt selten
Umlaut, z. B. Komparativadverb ahd. *langôr* > mhd.
langer, Superlativadverb *langôst* > *langest*.
§ 115. Die § 113 aufgeführten anomalen Steigerun-
gen haben auch besondere Adverbbildungen; die Kom-
parativadverbia lauten: *baʒ, wirs, min* neben *minner*,
minre, mê neben *mêre*. Die Adverbia der Superlative
sind regelmäßig gebildet, d. h. sie stimmen überein mit
dem Akk.Sg.Ntr. der unflektierten Form des Superlativs (z. B. *beʒʒist*).

IV. Zahlwörter
1. Kardinalzahlen

§ 116. Die Zahlwörter eins, zwei, drei sind im Mhd.
dreigeschlechtig und deklinabel.
ein, einer, einiu, eineʒ flektiert wie ein starkes Adjektiv, nach dem bestimmten Artikel oder nach einem Pron.
wird es jedoch schwach flektiert. In der Bedeutung

„einzig, allein" zeigt es stets schwache Flexion *(eine)* und kann dann auch einen Plural bilden (§ 105). Nur nach dem Gen. des Personalpronomens flektiert es stark *(mîn eines hant)*.

z w e i flektiert:

	Mask.	Fem.	Ntr.
Nom.	zwêne	zwô, zwuo, zwâ	zwei
Gen.	zweier	zweier	zweier
Dat.	zwein, zweien	zwein, zweien	zwein, zweien
Akk.	zwêne	zwô, zwuo, zwâ	zwei

d r e i flektiert ursprünglich als *i*-Stamm, im Ahd. Mhd. tritt jedoch zunehmende Anpassung an die Adjektivflexion auf:

	Mask. Fem.	Ntr.
Nom.	drî, drîe	driu
Gen.	drîer	drîer
Dat.	drin, drî(e)n	drin, drî(e)n
Akk.	drî, drîe	driu

Die Zahlen v i e r bis n e u n z e h n werden adjektivisch meist unflektiert benutzt; nur wenn sie nachgestellt oder substantivisch gebraucht werden, flektieren sie nach der *i*-Deklination (Ntr. Nom. Akk. auf *-iu*: *vieriu, niuniu*).

Die Zahlen z w a n z i g bis h u n d e r t sind indeklinable Substantiva. Sie stehen ursprünglich mit dem Gen. Pl., werden aber schon mhd. wie Adjektiva gebraucht.

Die Zahl h u n d e r t wird im Mhd. gewöhnlich als *hundert* bezeichnet. Das Ntr. *hunt* ($<$ idg. *$k\mathfrak{m}tom$ = lat. *centum*) wird manchmal noch in Zusammensetzungen gebraucht (*drîhunt* m. Gen.).

Tausend = mhd. *tûsent*, ist ursprünglich ein fem. Substantiv, so daß es mit dem Gen. Pl. steht. Im Mhd. wird es aber fast immer schon adjektivisch verwendet.

2. Ordinalzahlen

§ 117. Die Ordinalia zu eins und zwei sind nicht vom Wortstamm der Kardinalia gebildet: *êrste* ist Superlativ zu *ê, êr* (§ 113), *ander* (*anderer, anderiu, andere₃*) ist ein Pronominaladjektiv, das im Mhd. stark und schwach flektiert werden kann.

Die übrigen Ordinalia sind vom Stamm der jeweiligen Kardinalzahlen hergeleitet, und zwar sind die Zahlen 3. bis 19. mit dem Suffix idg. *-t-* gebildet, an das stammbildendes Suffix und Endung antraten. „Der dritte" zeigt eine *j*-Erweiterung des stammbildenden Suffixes: germ. **þri-di̯a* (< idg. *-ti̯o-*) > ahd. *drittio, dritto* > mhd. *dritte*. Dagegen mit idg. *-to-*Suffix z. B. ahd. *zwelif-to* > mhd. *zwelif-te*. Von 20. an ist an die Kardinalia das Superlativsuffix germ. *-ōs-t-* angetreten, z. B. ahd. *driu-₃ug ôsto* > mhd. *drî₃egeste*.

B. Verbum
Allgemeines

§ 118. Wie das Nomen hat auch das mhd. Verb nur einen Teil des Formenreichtums der idg. Sprache bewahrt. Es besitzt eigene Formen für

ein Genus Verbi:	Aktiv (Passiv wird durch Umschreibung mit Hilfsverben gebildet);
drei Modi:	Indikativ, Optativ[1]), Imperativ;
zwei Tempora:	Präsens und Präteritum; Perfekt wird durch Umschreibungen mit *haben* und *sîn* gebildet, Plusquamperfekt kann durch Präfix *ge-* (*er gesaʒ* „er hatte gesessen") oder durch Umschreibung mit Prät. von *haben* oder *sîn* + Part. Prät. (*er hâte gesessen*) gebildet werden, Futur

---

[1]) Die syntaktisch wichtige Funktion des Konjunktivs wird in den germanischen Sprachen von den Formen des Optativs mitübernommen. Daher wird in der Formenlehre nur der Begriff „Optativ" verwendet, in der Satzlehre aber zwischen Konjunktiv und Optativ unterschieden.

durch Umschreibungen mit *soln, wellen müezen*, selten mit *werden* (§ 173);

zwei Numeri: Singular und Plural;

drei Personen: *ich — wir, dû — ir, ër, siu, ëӡ — sie*;

drei Verbalnomina: Infinitiv des Präsens, Partizip des Präsens, Partizip des Präteritums.

§ 119. Den Kasusendungen des Nomens entsprechen in der Formbildung des Verbs die Personalendungen. Der ahd. mhd. Verbalflexion liegen drei verschiedene Gruppen von Personalendungen zugrunde:

		1. Primärendungen		2. Sekundärendungen	
		idg.	ahd. mhd.	idg.	ahd. mhd.
Sg.	1.	-mi	-m > n	-m	—
	2.	-si	-s	-s	(s)
	3.	-ti	-t	-t	—
Pl.	1.	-mes, -men	-m > -n (§ 123)	-me, -mo	-m > n
	2.	-te	-t	-te	-t
	3.	-nti	-nt	-nt	-n

3. Perfektendungen

		idg.	ahd. mhd.
Sg.	1.	-a	—
	2.	-tha	-t
	3.	-e	—

Diese drei Endungsgruppen verteilen sich in folgender Weise auf das Flexionsschema des Verbs:

1. Primärendungen hat nur der Indikativ des Präsens der starken und schwachen Verba;

2. Sekundärendungen haben der Optativ des Präsens der starken und schwachen Verba, der Indikativ des Plurals des Präteritums der starken Verba, der Optativ des Präteritums des starken Verba, das Präteritum der schwachen Verba;

3. Perfektendungen haben nur die 1. und 3. Person des Singulars des Präteritums der starken Verba und die 2. Sg. der Prät. Präs. (vgl. § 147).

Beim Vergleich einiger mhd. Verbformen wird der Unterschied von Primär- und Sekundärendungen ganz deutlich; z. B.

ër *nimet* (3. Sg. Präs. Ind.) = Primärendung gegen
ër *nëme* (3. Sg. Präs. Opt.) = Sekundärendung,
si *nëment* (3. Pl. Präs. Ind.) = Primärendung gegen
si *nëmen* (3. Pl. Präs. Opt.) = Sekundärendung und
si *nâmen* (3. Pl. Prät. Ind.) = Sekundärendung.

§ 120. Seit Jakob Grimm unterscheiden wir in der deutschen Grammatik starke und schwache Verba.

Hauptmerkmale:

Die starken Verba	Die schwachen Verba
1. verwenden zu ihrer Formbildung den Ablaut des Wurzelvokals;	kennen keinen Ablaut des Wurzelvokals;
2. haben keinen durchgehenden Verbalstamm, lediglich die Wurzel ist allen Formen gemeinsam. Nur einige Tempora bilden ihre Formen mit Hilfe eines stammbildenden Suffixes;	bilden einen Verbalstamm, der durch alle Formen hindurchgeht;
3. bilden ihr Präteritum mit Hilfe des Wurzelvokalablautes ohne ein besonderes Präteritalsuffix;	bilden ihr Präteritum durch Zusammensetzung des jeweiligen Verbalstammes mit Präteritalformen des Verbs „tun" (= mhd. -*te*-);

4. benutzen zur Bildung des Part. Prät. ein *n*-Suffix.

verwenden zur Formbildung des Part. Prät. ein *t*-Suffix.

1. Starke Verba

1. Formenbildung (dargestellt an Verben der 1.—5. Ablautreihe)

§ 121. Charakteristisch für den Aufbau des starken Verbs ist der Ablaut des Wurzelvokals. Die Klassen 1 bis 5 der starken Verba beruhen auf dem Ablautsystem: idg. *ē*-Hochstufe, *o*-Hochstufe, Schwundstufe, Schwundstufe (§§ 56. 57), die 6. Klasse auf dem Ablautschema: germ. *a*-Hochstufe, *ō*-Dehnstufe, *ō*-Dehnstufe, *a*-Hochstufe (§ 58). Über den Ablaut der ehemals reduplizierenden Verba (7. Klasse) vgl. § 137. — Die einzelnen Ablautstufen verteilen sich in einer durch die freien idg. Akzentverhältnisse begründeten Ordnung auf die Flexionsformen des Verbs (vgl. § 56, 1.—5. Kl.; § 58, 6. Kl.).

Neben dem Ablaut gibt der grammatische Wechsel, der ebenfalls durch den idg. freien Akzent verursacht wurde (§§ 24—26), der Flexion einer Anzahl von starken Verben das Gepräge. Er ordnet sich in den Reihen 1—5 folgendermaßen den Ablautstufen zu:

alle Formen mit hochstufigem Wurzelvokal haben den unerweichten Konsonanten, alle Formen mit schwundstufigem oder dehnstufigem Wurzelvokal haben den erweichten Konsonanten:

ziuhe — zôch — zugen — gezogen, kiuse — kôs — kur(e)n — gekor(e)n. (Über grammatischen Wechsel in der 6. Ablautreihe vgl. § 136.)

Apokope und Synkope sind nach den üblichen Regeln eingetreten.

§ 122. Indikativ des Präsens

		mhd.	ahd.
Sg.	1.	hilf-e	hilf-u
	2.	hilf-e-st	hilf-i-s(t)
	3.	hilf-e-t	hilf-i-t
Pl.	1.	hëlf-e-n	hëlf-ê-m, -ên (-amês)
	2.	hëlf-e-t	hëlf-e-t
	3.	hëlf-e-nt	hëlf-a-nt

Der Wurzelvokal in der *e*-Hochstufe erscheint ahd. mhd. lautgesetzlich als *e* oder *i* (Verteilung nach § 42). — Das stammbildende Suffix weist den Ablaut idg. *e — o*, ahd. *i/e — a* auf (*e*-Hochstufe = 2. 3. Sg., 2. Pl.; *o*-Hochstufe = 1. Sg., 1. 3. Pl.). Im Mhd. ist dieser Suffixablaut nicht mehr zu erkennen, da alle vollen Endsilbenvokale zu *e* abgeschwächt sind. — Endungen = Primärendungen (§ 119) bis auf die 1. Sg.

§ 123. 1. Sg. kennt seit idg. Zeit zwei Bildungsmöglichkeiten, entweder mit der Primärendung *-mi* oder endungslos, auf das gedehnte Stammformans idg. *-ō* auslautend. Die *mi*-Bildung findet sich im Mhd. nur bei wenigen Verben (§§ 145; 156—159). Die meisten Verben (alle starken!) verwenden die *ō*-Bildung; idg. *-ō* > germ. *ō* > ahd. *-u* (§ 65) > mhd. *-e*, *hilfe*. Das auslautende ahd. *-u*, mhd. *-e* blieb lautgesetzlich nur nach kurzer Wurzelsilbe erhalten, wurde jedoch verallgemeinert.

2. Sg. stammbildendes Suffix in der *e*-Hochstufe, Primärendung idg. *-si*: germ. *-i-s(i)/z(i)* (nach § 23 ff.; da sich im Dt. stets die erweichte Form der Endung durchsetzt, verzeichnen wir im folgenden nur diese) > ahd. *hilf-i-s* > *hilf-e-s*. An die Primärendung ahd. mhd. *-s* trat schon in ahd. Zeit oft ein *t* als Rest des enkli-

tischen Pronomens *du*: ahd. *hilfis du* > *hilfistu* >
hilfist. Im Mhd. überwiegt die Form *hilfest*, doch kommt
hilfes daneben noch vor.

3. Sg. stammbildendes Suffix in der *e*-Hochstufe, Primärendung idg. *-ti*: germ. *-i-d(i)* > *-i-d* > ahd. *hilf-i-t*
> mhd. *hilf-e-t*.

1. Pl. Die deutsche Form läßt sich nicht aus dem Idg.
(Endung *-mes*) herleiten. Ahd. *-mês* ist unerklärt. Mhd.
helf-e-n ist abgeschwächt aus ahd. *helf-ê-m*, *-ê-n*, das aus
dem Opt. übernommen wurde (§ 124).

2. Pl. stammbildendes Suffix in der *e*-Hochstufe,
Endung idg. *-te*: germ. *-e-d(i)* > *-e-d* > ahd. mhd.
helf-e-t.

3. Pl. stammbildendes Suffix in der *o*-Hochstufe, Primärendung idg. *-nti*: germ. *-a-nd(i)* > *a-nd* > ahd.
helf-a-nt > mhd. *helf-e-nt*.

§ 124. Optativ des Präsens

		mhd.	ahd.
Sg.	1.	hëlf-e	hëlf-e
	2.	hëlf-e-st	hëlf-ê-s(t)
	3.	hëlf-e	hëlf-e
Pl.	1.	hëlf-e-n	hëlf-ê-m, -n
	2.	hëlf-e-t	hëlf-ê-t
	3.	hëlf-e-n	hëlf-ê-n

Der Wurzelvokal in der *e*-Hochstufe lautet im
Ahd. Mhd. stets *e*, weil im Ahd. der Vokal der folgenden
Silbe durchgehend *-ê-* bzw. *-e-* war. — Der ahd. mhd.
Optativ ist mit dem Optativzeichen idg. *-ī-* gebildet.
Dieses verschmolz schon im Idg. mit dem für alle Formen
geltenden stammbildenden Suffix in der *o*-Hoch-
stufe zum Diphthong *oĩ* > germ. *ai* > ahd. *ê* (§ 50),
das im Auslaut zu *e* gekürzt wurde (1.3. Sg.). Im Ahd.

ist dieses *ê* für den Optativ des Präsens charakteristisch, im Mhd. ist es überall zu *e* abgeschwächt (§ 62). — Der Optativ des Präsens weist Sekundärendungen auf; in der 1. und 3. Sg. sind die Endungen (idg. *-m* und *-t*) völlig geschwunden, in der 2. Sg. hätte die Sekundärendung idg. *-s* ebenfalls abfallen müssen (§ 64), sie ist aber in Anlehnung an die entsprechende Form des Ind. erhalten geblieben und nimmt wie diese das *t* als festen Bestandteil der Endung an.

§ 125. Imperativ

Nur der Imperativ der 2. Sg. hat eine eigene Form: er ist reiner Stamm, d. h. endungslos. An die Wurzel in der *e*-Hochstufe trat im Idg. das Stammformans in der *e*-Hochstufe.

Die Imperative der 1. (= Adhortativus) und 2. Pl. haben keine eigenen Formen, sondern lauten wie die entsprechenden Optativformen: ahd. *hëlfêm, -ên* > mhd. *hëlfen*; ahd. mhd. *hëlfet.*

§ 126. Infinitiv und Partizip des Präsens

Der Infinitiv ist ein erstarrter Akk. Sg. eines Verbalabstraktums, das mit einem idg. *-n*-Suffix gebildet ist. Wurzel in der *e*-Hochstufe + Bindevokal in der *o*-Hochstufe + *n*-Suffix + stammbildendes Suffix in der *o*-Hochstufe + Endung des Akk. Sg. *-m*: germ. **hëlp-a-n-a-(n)* > ahd. *hëlfan* > mhd. *hëlfen*. Zum substantivierten Infinitiv, der als Nom. und Akk. benutzt wird, wurden ein Gen. und Dat. (Gerundium) mit dem Suffix germ. *-anja-* > westgerm. *-annja-* > ahd. *-anne, -enne-* > mhd. *-enne-* gebildet, die wie neutrale *ja*-Stämme flektieren, also: mhd. *hëlfen(n)es, hëlfen(n)e.*

Auch im Part. Präs. erscheint der Wurzelvokal in der *e*-Hochstufe, der Bindevokal in der *o*-Hochstufe;

charakteristisches Bildungssuffix ist idg. -nt-: germ.
*hëlp-a-nd- (§ 24) > ahd. hëlf-a-nt- (§ 21) > mhd. hëlf-
e-nd- (§ 37). Das Part. Präs. ist ein Verbalnomen; es wird
im Ahd. Mhd. wie ein ja-/jô-Adjektivstamm behandelt
und kann stark und schwach dekliniert werden (§ 111).

§ 127. Indikativ des Präteritums

		mhd.	ahd.
Sg.	1.	half	half
	2.	hülf-e	hulf-i
	3.	half	half
Pl.	1.	hulf-e-n	hulf-u-m, -n
	2.	hulf-e-t	hulf-u-t
	3.	hulf-e-n	hulf-u-n

Das ahd. mhd. starke Präteritum Ind. beruht auf
zwei verschiedenen idg. Tempusbildungen.

Die 1.3. Sg. sind alte Perfektformen mit o-Hochstufe
des Wurzelvokals und eigenen Perfektendungen, die
athematisch, d. h. ohne stammbildendes Suffix unmittelbar an die Wurzel antraten. Beide Formen erscheinen im Ahd. Mhd. endungslos (§ 119).

Die übrigen Formen sind mit der Schwundstufe
(1.—3. Ablautreihe) oder Dehnstufe (4. und 5. Ablautreihe) des Wurzelvokals sowie mit Sekundärendungen
gebildet. In der 2. Sg. steht zwischen Wurzel und
Sekundärendung -s der Themavokal idg. -e-: germ. *hulp-
i-(z) > ahd. hulf-i > mhd. hülf-e (mit Umlaut, § 44).
Ahd. -i, mhd. -e ist auch nach langer Wurzelsilbe erhalten geblieben (§ 65). — Im Pl. ist bereits im Germ.
zwischen Wurzel und Sekundärendung ein -u- getreten,
das aus -m̥ (1. Pl.) bzw. -n̥ (3. Pl.) lautgesetzlich entwickelt (§ 31) und von der 2. Pl. analogisch übernommen
wurde.

§ 128. Optativ des Präteritums

		mhd.	ahd.
Sg.	1.	hülf-e	hulf-i
	2.	hülf-e-st	hulf-î-s(t)
	3.	hülf-e	hulf-i
Pl.	1.	hülf-e-n	hulf-î-m, -n (-îmês)
	2.	hülf-e-t	hulf-î-t
	3.	hülf-e-n	hulf-î-n

Der Optativ des Präteritums hat die Schwund-
bzw. Dehnstufe des Wurzelvokals. Er ist athematisch gebildet; hier tritt daher das Optativzeichen
idg. -$\bar{\imath}$- rein auf (anders als im Optativ Präs., wo
das Optativzeichen mit dem Stammformans schon idg.
verschmolz). Noch im Ahd. lautet es unverändert -$\hat{\imath}$-,
z. B. *hulf-î-n* (3. Pl.), und wurde nur im Auslaut gekürzt (1.3. Sg. *hulf-i*). In den mhd. Formen ist das
Optativzeichen zu -*e*- abgeschwächt (§ 62), doch weist
der Umlaut des Wurzelvokals auf das ehemals folgende
$\hat{\imath}$, i hin. Wie der Opt.Präs. hat auch der Opt.Prät.
Sekundärendungen (§ 119).

§ 129. Partizip des Präteritums

Der Wurzelvokal des Partizips des Präteritums steht
in den Ablautreihen 1—4 in der Schwundstufe, gegebenenfalls trat Brechung des *u* > *o* ein (§ 46).

1. Ablautreihe: mhd. geriten   ahd. giritan
2. Ablautreihe: mhd. gebogen   ahd. gibogan
3. Ablautreihe: mhd. gebunden   ahd. gibuntan
            mhd. geworfen   ahd. giworfan
4. Ablautreihe: mhd. genomen   ahd. ginoman

In der 5. Ablautreihe erscheint der Wurzelvokal des
Partizips in der *e*-Hochstufe (mhd. *gegëben*, ahd. *gigë-
ban*), die hier die Schwundstufe ersetzt (§ 57).

Der idg. Bindevokal ist -o- wie beim Part. Präs. und beim Inf.; das charakteristische Suffix ist wie beim Inf. idg. -n-: germ. *hulp-a-n- > ahd. gi-holf-a-n > mhd. ge-holf-e-n. Das Part. Prät. wird wie ein adjektivischer a-/ô-Stamm dekliniert (§ 111). Auf das charakteristische n-Suffix dieses Partizips folgten also ursprünglich noch stammbildendes Suffix und Kasusendung (z. B. -o-s im Nom.Sg.Mask. substantivisch flektiert).

Seit ahd. Zeit ist die Vorsilbe ahd. ablautend gi-/ga- (§ 60), mhd. ge- festes Bildungselement des Part. Prät. Regelmäßig ohne ge- erscheinen die Part. Prät. von fünf Verben: mhd. vunden, komen, troffen, worden, brâht, ferner — wie im Nhd. — die Part. Prät. echter Komposita, z. B. be-nomen, ent-bunden, aber ûʒ-ge-nomen.

2. Besonderheiten der einzelnen Ablautreihen

§ 130. Der Aufbau der einzelnen Ablautreihen ist in den §§ 55—58 eingehend dargestellt. Hier sollen nur die besonderen Bildungen, vor allem auch die Verba mit grammatischem Wechsel besprochen werden.

§ 131. 1. Reihe: Ablautsystem + Vokal i (mhd. î-ei/ê-i-i). Im Ahd. Mhd. gliedert sich diese Ablautreihe in drei Untergruppen, da die Verba, deren Wurzel auf h, w endet, im Ahd. Monophthongierung von germ. ai > ê erfuhren (§ 49).

a) grîfen, grîfe, greif, griffen, gegriffen;
b) lîhen, lîhe, lêch, lihen, gelihen „leihen".
c) spîwen, spîwe, spê, spiwen, gespiwen „speien".

Von lîhen und spîwen sind jedoch auch Ausgleichsformen belegt: leich, spei.

Grammatischen Wechsel haben in dieser Klasse u. a.: lîden, lîde, leit (Auslautverhärtung, § 37,6), liten, geliten; mîden; nîden; snîden; rîsen „fallen", rîse, reis, *rirn* (daneben *risen*), *gerirn* (daneben *gerisen*); *dîhen* „gedeihen", *dîhe*, *dêch*, *digen*, *gedigen*; *zîhen* „zeihen"; *sîhen* „seihen". Der grammatische Wechsel *h(w) — (g)w* (§ 25) des ahd. Verbs *lîhan, lîhu, lêh, liwum, giliwan* ist im Mhd. meist beseitigt, doch taucht im Pl. Prät. eine Form *liuwen* auf, im Part. Prät. *geliuwen, geligen* und *geluhen*.

§ 132. 2. Reihe: Ablautsystem + Vokal *u* (mhd. *ie/iu* - *ou/ô* - *u* - *o*). Der mhd. Wechsel zwischen *ie* und *iu* im Präs. und zwischen *u* und *o* im Pl. Prät. und Part. Prät. wurde durch die Brechung hervorgerufen (§ 46).

Im Ahd.Mhd. gliedert sich diese Ablautreihe in drei Untergruppen, da die Verba, deren Wurzel auf Dental oder germ. *h* schließt, im Ahd. Monophthongierung von germ. *au > ô* erfuhren (§ 49), und da germ. *eu* vor *w* stets als *iu* erscheint (§ 46).

a) *biegen, biuge, bouc, bugen, gebogen*;
b) *bieten, biute, bôt, buten, geboten*;
c) *bliuwen, bliuwe, blou(w), blûwen, geblûwen*.

Die Verba mit inlautendem *w* weisen im Pl.Ind., Opt.Prät. und Part.Prät. Monophthongierung von *iuw > ûw* auf. Daneben erscheinen Ausgleichsformen mit *ou* oder *iu (blouwen, bliuwen)* und sogar schwache Präteritalformen *(geblouwete, geblouwet, gebliuwet)*.

Einige Verba dieser Reihe haben im Präs. *û* statt *iu/ie, sûgen* „saugen", *sûge, souc, sugen, gesogen*; *sûfen*; *lûchen* „schließen".

Grammatischen Wechsel haben nur Verba mit *ô* im Sg.Prät., z.B. *ziehen, ziuhe, zôch, zugen, gezogen*; *sieden, siude, sôt* (Auslautverhärtung, §§ 37,6), *suten, gesoten*; *kiesen* „wählen", *kiuse, kôs, kurn, gekorn*; *verliesen*; *niesen*; *vriesen* „frieren".

§ 133. 3. Reihe: Ablautsystem + Sonantenverbindung (mhd. *ĕ/i-a-u-u/o*). Im Ahd. Mhd. gliedert sich

diese Ablautreihe in zwei Untergruppen: während die
Verba mit Nasalverbindung im gesamten Präs. *i* und
im Part. Prät. keine Brechung aufweisen, haben die
Verba mit Liquid + Konsonant im Präs. den Wechsel
von *ë* und *i* (§ 42) und im Part. Prät. die Brechung
von germ. *u* > ahd. *o* (§ 46).

a) *rinnen, rinne, ran, runnen, gerunnen* „rinnen, laufen";
b) *wërfen, wirfe, warf, wurfen, geworfen.*

Vom Verb *beginnen* erscheint häufig neben dem regel-
mäßigen starken Prät. *began* ein schwaches Prät. *be-
gunde, begonde.* — Auch mhd. *bringen* bildete bereits
im Germ. ein schwaches Prät., ahd. *brâhta*, mhd. *brâhte*
(§ 48), Part. Prät. ahd. *brungan* und *brâht*, mhd. nur
brâht (§ 129). Die schwachen Präteritalformen wurden
vermutlich von einem Intensivum germ. **brangjan-* >
mhd. *brengen* „bringen" auf das st. Verb übertragen.

Der grammatische Wechsel ist bei den Verben dieser
Klasse sehr selten, meist ist er auch da im Mhd. ausgeglichen, wo er im Ahd. noch bestand: mhd. *vinden,
vinde, vant* (Auslautverhärtung, § 37,6), *vunden* (ahd.
funtum), *vunden* (ahd. *funtan*) (§ 129); hier wurde der
Ausgleich durch die mhd. Erweichung der Lautgruppe
nt > *nd* (§ 37,7) bewirkt. Neben dem allgemein ge-
bräuchlichen Prät. *wurden* ist in frühmhd. Texten auch
wurten belegt, ein Rest der ahd. Formen mit grammatischem Wechsel: ahd. *wërdan, wirdu, ward, wurtum,
wortan* (§ 46).

§ 134. 4. Reihe: Ablautsystem + einfache Sonans
(mhd. *ë/i-a-â-o*). Über den Wechsel zwischen *ë* und *i*
im Präs. vgl. § 42 und über Brechung *u* > *o* im
Part. Prät. § 46.

stëln, stil, stal, stâlen, gestoln

Neben den Verben auf einfaches *l, m, n, r* gehören
in diese Klasse die Verba auf *ch* (< germ. *k*) und *ff*
mit *r* vor dem Wurzelvokal, z. B. *brëchen, briche, brach,
brâchen, gebrochen* (das Verb *stëchen* hat sich an *brëchen*
analogisch angeschlossen), *trëffen, traf, trâfen, troffen*
(§ 129).

Aus der 3. Klasse treten im Mhd. die Verba auf zwei-
fache Konsonanz mit *l, r* vor dem Vokal in die 4. Klasse
über, so u. a. *vlëhten*, analogisch dazu auch *vëhten,
drëschen* (< ahd. *drëskan*).

Das ahd. Verb *quëman* erscheint mhd. als *komen,
kume, quam, quâmen, komen* (daneben im Prät. *kom,
kômen* und *kam, kâmen*), vgl. § 37,2. Das Part. Prät.
wird stets ohne das Präfix *ge-* gebraucht, § 129.

§ 135. 5. Reihe: Ablautsystem + Konsonant (mhd.
ë/i-a-â-e). Über den Wechsel von *ë* und *i* im Präs. vgl.
§ 42.

gëben, gibe, gap, gâben, gegëben

Dieser Klasse gehören alle Verba auf einfache Konsonanz außer *l, m, n, r* an.

Grammatischer Wechsel ist hier im Mhd. nur noch
selten erhalten, z. B. *lësen, lise, las, lâren* neben *lâsen,
gelërn* häufiger *gelësen; genësen*, Pl. Prät. *genâsen* neben
genâren, Part. Prät. *genërn* häufiger *genësen; wësen,
wise, was, wâren, gewësen* (Part. Prät. erst mhd. belegt).

Drei Verba der 5. Klasse sind sog. ,*j*-Präsentia‘, d. h.
Verba, deren stammbildendes Suffix im Präs. um ein *j*
erweitert ist: *bitten, sitzen, licken*. Diese flektieren also
im Präs. wie ein schwaches *jan*-Verb (§ 141). Durch
das *j* werden im Präsensstamm dieser starken Verba
folgende Veränderungen bewirkt:

1. der Wurzelvokal erscheint stets als *i* (z. B. *gëben*
   aber *bitten, sie gëbent,* aber *sie bittent*);

2. Konsonantengemination, z.B.

Inf. germ. *bid-ja-n-a-(n) > vorahd. *bidden (§ 29,2) > ahd.mhd. bitten (§ 21); germ. *sit-ja-n-a-(n) > vorahd. *sitten > ahd.mhd. sitzen (§ 20b); germ. *lig-ja-n-a-(n) > vorahd. *liggen > ahd.mhd. licken (§ 21). — In der 2.3.Sg. Ind. ist das j schon so früh geschwunden, daß es keine Gemination mehr bewirken konnte. So wechselten ursprünglich im Präs. Formen mit und ohne Doppelkonsonanz, die aber im Mhd. entweder zugunsten der Doppelkonsonanz oder zugunsten der einfachen Konsonanz ausgeglichen wurden, also mhd. bitte, bittest usw. oder bite, bitest usw., ebenso licke, lickest usw. oder lige, ligest usw. Bei sitzen hingegen wurde schon im Ahd. die Affrikata tz auf die 2.3. Sg. übertragen, also mhd. nur noch sitze, sitzest usw.

3. Auch der Imperativ hatte ursprünglich keine Konsonantengemination, da das auslautende idg. -e bereits im Germ. getilgt und das j vokalisiert wurde: germ. *bid-j(i) > ahd. bit-i > mhd. bit-e, daneben Ausgleichsform bitte; lige daneben licke; aber stets sitze (s. o.).

§ 136. 6. Reihe: Diese Reihe entstand durch den Zusammenfall mehrerer idg. Ablautgruppen (mhd. a-uo-uo-a; vgl. § 58).

varn, var(e), vuor, vuoren, gevarn

Der Wurzelvokal der 6. Klasse weist im Präs. und im Part.Prät. die a-Hochstufe, im gesamten Prät. die ô-Dehnstufe auf. In der 2.3. Sg.Präs.Ind. ist stets Umlaut eingetreten, z. B. ër vert. — Die Konjugation der Klasse 6 richtet sich sonst ganz nach dem Paradigma hëlfen.

Der grammatische Wechsel bei *slahen* und *twahen* „waschen" ist im Prät. bereits im Ahd. zugunsten des Konsonanten des Pl. ausgeglichen worden, also mhd. *slahe, sluoc, sluogen, geslagen.*

Auch diese Ablautreihe enthält drei Verba mit einem *j*-Präsens: *swern, heben, schepfen.* Das *j* bewirkte hier Umlaut des Wurzelvokals im ganzen Präs. Über Konsonantengemination und Imperativbildung vgl. § 135.

1. *swern,* ahd. *swerien* < germ. **swar-ja-n-a-(n)* weist keine Gemination auf, da *r* als einziger Konsonant die westgerm. Konsonantengemination nicht mitmachte. In der ahd. Form *swerien* ist das *j* noch erhalten, erst in spätahd. Zeit treten Ausgleichsformen mit geminiertem *r* (*swerren*) (vgl. § 29,2) und solche mit Synkope (*swern*) auf. Die mhd. gebräuchliche Form heißt *swern* (daneben *swerigen*). Für *geswarn* Part.Prät. steht gewöhnlich schon *gesworn,* analog zur 4. Reihe.

2. *heben,* ahd. *heffen* < germ. **haf-ja-n-a-(n).* Die ahd. Flexion dieses Verbs zeigt grammatischen Wechsel zwischen *f* und *b* (§ 25): ahd. *heffen* (Konsonantengemination und Umlaut durch das *j*), *huob* (über grammatischen Wechsel vgl. oben *sluoc*), *huobum, gihaban.* Das *b* des Prät. ist im Mhd. auch in das Präs. eingedrungen: mhd. *heben, hebe, huop, huoben, gehaben.*

3. *schepfen* < ahd. *scephen* < germ. **skap-ja-n-a-(n).* Das ahd. Verb *scephen, scuof, scuofum, giscaffan* (§ 20a) hatte sowohl die Bedeutung „schöpfen" (*haurire*) als auch „schaffen, erschaffen". Neben dem *j*-Präsens mit der Affrikata *pf, ph* bildete sich schon in ahd. Zeit ein neues Präs. *scaffan* = mhd. *schaffen* durch Übernahme des präteritalen *f (ff)* in das Präs.

Es entstand so ein völlig regelmäßiges Verb der 6. Ablautreihe mhd. *schaffen, schuof, schuofen, geschaffen.* Dieses neugebildete Verb hat nur die Bedeutung „erschaffen". Daneben besteht aber im Mhd. auch das alte *j*-Präsens (mhd. *schepfen, schuof, schuofen, geschaffen*), allerdings nur mit der Bedeutung „schaffen". Um die Bedeutung „schöpfen" aufzunehmen, wurde ein schwaches Verb neugebildet: ahd. *scephen,* mhd. *schepfen.* Neben dem st. Verb ahd. *skaffan* erscheint ein sw. Verb, das ahd. *skaffôn,* mhd. *schaffen* „schaffen" lautet.

Das Verb ahd. *stantan, stuont, gistantan* — mhd. **standen* (§ 157), *stuont, gestanden* ist mit einem *n*-Infix gebildet, das ursprünglich nur dem Präs. zukam, schon frühzeitig aber auch ins Prät. und ins Part. Prät. eindrang. Reste der ursprünglichen Präteritalformen ohne das *n*-Infix haben sich jedoch bis ins Mhd. hinein erhalten: ahd. *stuot,* mhd. *stuot.*

§ 137. **7. Reihe:** Als 7. Ablautreihe bezeichnet man oft die ehemals reduplizierenden Verba, die nur z. T. ursprünglichen Ablaut von $\bar{e}$ und $\bar{o}$ aufwiesen, und die nach der Beseitigung der Reduplikation im Ahd. Mhd. einen ablautähnlichen Vokalwechsel erhielten. — Die Reduplikation, d. h. der Vorschlag einer Silbe aus wurzelanlautendem Konsonanten + einem Vokal, spez. einem *e* (z. B. lat. *ce-cini*), war im Idg. ein wesentliches Mittel bei der Bildung von Tempora, vorzüglich von Perfektformen. Es ist im Germ. zugunsten des Ablautes weitgehend aufgegeben worden, nur im Got. sind noch einige reduplizierende Verba vorhanden (*lētan, lailōt*). Die Reduplikationssilbe schwand bereits in vorahd. Zeit unter gleichzeitiger Veränderung des Wurzelvokals, der im Ahd. zwei verschiedene Qualitäten annahm:

1. Verba mit *a* oder hellem Wurzelvokal im Präs. haben im Prät. $\hat{e}^2$, das zu *ea, ia, ie* diphthongiert wurde (§ 51);

2. Verba mit dunklem Wurzelvokal im Präs. haben im Prät. *eo, io, ie* (< germ. *eu*, § 46).

Im Spätahd. Mhd. fallen *ea, ia* und *eo, io* in *ie* zusammen, so daß mhd. alle ehemals reduplizierenden Verba im Prät. *ie* aufweisen.

1. Verba mit *a* oder hellem Wurzelvokal:

vallen, viel, vielen, gevallen; râten, riet, rieten, gerâten; heiȝen, hieȝ, hieȝen, geheiȝen.

2. Verba mit dunklem Wurzelvokal:

loufen, lief, liefen, geloufen; stôȝen, stieȝ, stieȝen, gestôȝen; ruofen, rief, riefen, geruofen.

Grammatischen Wechsel zwischen *(n)h — ng* zeigen mhd. *vâhen* (< **fanhan*, § 48) neben *vân* (§ 160,1), *vienc* neben *vie* (§ 160,1), *viengen, gevangen* und mhd. *hâhen, hân*. Wie in der 6. Ablautreihe ist auch hier der erweichte Konsonant in den Sg. Prät. eingedrungen.

II. Schwache Verba

§ 138. Schwache Verba sind meist sekundäre, d. h. von anderen Wörtern abgeleitete Verba. Sie haben im Unterschied zu den starken Verben einen Verbalstamm, der allen Flexionsformen zugrunde liegt (§ 120). Die stammbildenden Suffixe der drei schwachen Verbgruppen lauten germ. *-ja-* (ablautend *-ji-*), *-ō-*, *-ē-*, und man spricht — vom Inf. ausgehend — allgemein von *jan-, ôn-, ên-*Verben. Da bereits im Ahd. die Lautgruppe *-ja-* zu *-e-* geworden ist und *-ô-* und *-ê-* im Mhd. zu farblosem *-e-* abgeschwächt sind, ist eine Einordnung der einzelnen schwachen Verba in die verschiedenen Klassen vom Mhd. aus meist nicht mehr möglich. — Dafür hat sich im Mhd. eine neue Gruppierung gebildet,

Verba mit dem Suffix *-ete* im Präteritum und solche mit *-te*. Zur Erklärung vgl. § 142.

1. Formenbildung

§ 139. **Präsens:** Das Präsens der schwachen Verba ist genau wie das der starken im Ind. mit Primärendungen, im Opt. mit Sekundärendungen gebildet (vgl. § 122—124). Das bei den starken Verben der 2.—6. Klasse zu beobachtende Schwanken in der Lautform des Wurzelvokals, das die Folge des Suffixablautes ist, kann bei den schwachen Verben mit ihrem einheitlichen Stammsuffix nicht eintreten. Bei den *jan*-Verben hat das *j* des stammbildenden Suffixes bzw. das *i* (2.3. Sg., § 135) — wenn möglich — Umlaut des Wurzelvokals im ganzen Präs. bewirkt, z. B. *ich hære, wir hæren*. Die alten *ôn-*, *ên*-Verba haben stets unumgelautete Formen, z. B. *ich salbe, wir salben* (< *-ôn*).

Der Inf. und das Part. Präs. sind dem starken Verb entsprechend gebildet (§ 126). Der Imp. lautet auf das stammbildende Suffix aus, im Mhd. auf *-e* (< *-i, -ô, -ê*), über den Imp. der *jan*-Verben vgl. auch § 135.

§ 140. **Präteritum**

		Indikativ		Konjunktiv
		mhd.	ahd.	mhd.
Sg.	1.	salb-e-te	salb-ô-ta	Sg. 1. salb-e-te
	2.	salb-e-test	salb-ô-tôst	2. salb-e-test
	3.	salb-e-te	salb-ô-ta	usw. = Ind.
Pl.	1.	salb-e-ten	salb-ô-tum	ahd.
	2.	salb-e-tet	salb-ô-tut	Sg. 1. salb-ô-ti
	3.	salb-e-ten	salb-ô-tun	2. salb-ô-tîst usw.

Die Bildung des schwachen Präteritums mit einem Dentalsuffix ist eine Neuschöpfung des Germ. Seine Entstehung ist nicht eindeutig geklärt; die einleuchtendste Erklärung sieht in dem Dentalsuffix den Rest von Präteritalformen des idg. Verbs „tun", die an den jeweiligen schwachen Verbalstamm angetreten sind. Das schwache Präteritum wäre demnach eine periphrastische (= umschreibende) Bildung, etwa: *salben tat*.

Bildung des Präteritalsuffixes:

Im Singular traten Sekundärendungen an die ablautende Wurzel idg. *dhē/dhō*.

1. Sg. idg. Wurzel in der *ō*-Stufe, Sekundärendung idg. *-m*: idg. *-dhō-m* > germ. *-dō-(n)* > ahd. *-ta* > mhd. *-te* (ahd. *salb-ō-ta*, mhd. *salb-e-te*).

2. Sg. idg. Wurzel in der *ō*-Stufe, Sekundärendung idg. *-s*: idg. *-dhō-s* > germ. *-dō-z* > ahd. *-tô-st* (§§ 65. 124) > mhd. *-te-st* (ahd. *salb-ô-tô-st* mhd. *salb-e-te-st*).

3. Sg. idg. Wurzel in der *ē*-Stufe, Sekundärendung idg. *-t*: idg. *-dhē-t* > germ. *-dē-(đ)* > ahd. *-ta* > mhd. *-te* (ahd. *salb-ô-ta*, mhd. *salb-e-te*).

Den Plural bildeten ursprünglich reduplizierende Formen (vgl. got. *dē-dum*), die im Westgerm. analog. zum Singular umgeformt wurden: z. B. 1. Pl. ahd. *-tum* > mhd. *-ten*.

Sobald zwischen der Verbalwurzel und dem Präteritalsuffix kein stammbildendes Suffix stand, konnten primäre Berührungseffekte eintreten, die sowohl den wurzelschließenden Konsonanten als auch den anlautenden Dental des Präteritalsuffixes veränderten (§ 28a).

Das Part. Prät. wird mit einem idg. *t*-Suffix gebildet, das im Germ. als *-đ-* > *-d-* erscheint (§ 17) > ahd. mhd.

-*t*- (§ 21): mhd. *ge-salb-e-t* < ahd. *gi-salb-ô-t* < germ.
*salb-ō-d-. Über Flexion vgl. § 111.

2. Besonderheiten der einzelnen Klassen

§ 141. *jan*-Verba: Ihrer Entstehung und etymolo-
gischen Zugehörigkeit nach sind die *jan*-Verba meist
Kausativa zu primären Verben (*setzen* < germ. **sat-
jana(n)* = Kausativum zu *sitzen*) oder Faktitiva zu
Adjektiven (*heilen* < germ. **hail-jana(n)* = Faktitivum
zu *heil*) und Substantiven. Den Ind. Präs. bildeten sie —
darin den starken Verben verwandt — mit *j* + ablau-
tendem Präsensvokal, germ. -*ja-*/-*ji*-. Die Lautgruppe
-*ja*- verschmolz im frühesten Ahd. zu -*e*- (ahd. *brennen* =
germ. **brannjana(n̦)*, das *j* hinterließ aber — wenn möglich — Umlaut und Konsonantengemination und als
deren Folge Affrikataverschiebung (§ 20b), z. B. mhd.
zellen < germ. **taljana(n)*; *setzen* < germ. *satjana*(n)*.
Über *r* im Wurzelauslaut vgl. § 29,2. Die Lautgruppe
-*ji*- (im Ind. Präs. in der 2. 3. Sg.), verlor schon germ. das
j, so daß keine Konsonantengemination eintrat. Hier blieb
im Ahd. meist der einfache Konsonant bestehen (*zelit*).
Bei den Verben mit kurzem Wurzelvokal, deren Wurzel
auf germ. *p*, *t*, *k* schloß, wäre im Ahd. Doppelspirans
zu erwarten. Tatsächlich ist die Affrikata der übrigen
Formen bereits im 8. Jh. auf die 2. 3. Sg. Präs. Ind.
übertragen worden. — Im Mhd. ist der Wechsel von
Doppelkonsonanz und einfacher Konsonanz innerhalb
der Präsenskonjugation nach der einen oder anderen
Richtung hin ausgeglichen worden, z. B. *zellen* neben
zeln. — Über die Bildung des Imperativs vgl. § 135.

§ 142. Im Präteritum erscheint das Stammformans *j*
ohne Begleitvokal. Da das *j* hier zwischen zwei Konsonanten tritt, wird es im Germ. zu *i* (> ahd. *i* >
mhd. *e*) vokalisiert. Folglich kennt das Prät. der *jan*-

Verba ursprünglich keine Gemination. Die mhd. Präteritalformen mit Gemination (*dennete*) oder Affrikata
(*satzte*) sind Ausgleichsformen zum Präs.

Zwischen lang- und kurzwurzligen *jan*-Verben besteht im Prät. ein grundsätzlicher Unterschied: in den
kurzwurzligen Verben bleibt das stammbildende Suffix
ahd. *i*, mhd. *e* erhalten, so daß Umlaut eintrat (mhd.
legete), in den langwurzligen und mehrsilbigen ist es so
früh synkopiert worden, daß es keinen Umlaut bewirken
konnte (*hæren, hôrte; trenken, trankte*). Jakob Grimm
nahm an, daß diese Präterita zunächst ebenfalls umgelautet waren, und der Umlaut später wieder beseitigt
wurde, daher nannte er diese Erscheinung ‚Rückumlaut‘. — Auch im Opt. Prät. haben die langwurzligen Verba ahd. mhd. keinen Umlaut, z. B. ahd.
branti > mhd. *brante*.

Daß die langwurzligen *jan*-Verba ursprünglich einmal ein *i* im Prät. hatten, wird dadurch bewiesen, daß
sie keine Primärberührungseffekte zeigen (§ 28); denn
es heißt mhd. *hengen — hancte* < germ. **hang-i-da*;
mhd. *g(e)louben — g(e)loupte* < germ. **gilaub-i-da*; mhd.
leiten — leite (< ahd. *leitta, leita* < germ. **leit-i-da*).

Zwei Gruppen der kurzwurzligen Verba verloren
schon im Ahd. das *i* wie die langwurzligen und haben
auch ‚Rückumlaut‘: 1. die Verba auf *pf, tz, ck* (< germ.
p, t, k), 2. die Verba auf germ. *d* und *l* (mhd. *retten —
ratte — gerat; zellen — zalte — gezalt*). Ausgleichsformen
mit ahd. *i*, mhd. *e* im Prät. sind allerdings häufig
(*re(t)tete — gere(t)tet; ze(l)lete — geze(l)let*).

Bei den Verben auf *pf, tz, ck* müßte der wurzelschließende Konsonant im Prät. als Spirans erscheinen,
da hier niemals ein *j* stand, das Konsonantengemination
hätte bewirken können. Diese lautgesetzliche Bildung

ist bei den Verben auf *p* und *t* zugunsten des Ausgleichs mit dem Präs. fast ganz aufgegeben worden (*schepfen — schafte* neben *schapfte*; *setzen — sazte* (> *saste*) neben *satzte*). Dagegen hat sie sich bei den Verben auf *ck* weitgehend erhalten, z. B. *decken — dahte* neben *dacte*. Vielleicht wirkten hier die Verben mit Primärberührungseffekt (§ 143) erhaltend und belebend; denn auch solche Verben, die lautgesetzlich im Prät. keine Spirans haben dürften, zeigen *ht*, z. B. *merken — marhte* neben *marcte*, *zücken* (< germ. ***tukk-*) — *zuhte* neben *zucte*.

§ 143. Andererseits beweist das Auftreten der Primärberührungseffekte in einigen *jan*-Verben, daß diese im Prät. niemals ein *i* gehabt haben, sie also nur im Präs. mit *j* gebildet waren. Man kann daher annehmen, daß diese Verba ursprünglich zur starken Konjugation gehörten und später in die schwache Konjugation hinübergewechselt sind:

denken — *dâhte* (< ***panhtō*,),
dünken — *dûhte* (< ***punhtō*),
bringen — *brâhte* (über Ablaut vgl. § 133),
würken — *worhte* (< ***wurhtō*).

Das Prät. *vorhte* zeigt wie auch *worhte* durch seinen Vokalstand, daß hier nie ein *i* oder *j* als Stammformans vorhanden war, denn vor *i* oder *j* wäre der Wurzelvokal *u* nicht zu *o* gebrochen worden (§ 46).

Die Lautgruppe -*ht*- entstand in den Präteritalformen germ. ***panhtō*, ***punhtō*, ***wurhtō* durch primären Zusammenstoß — nach langer, konsonantisch schließender Wurzelsilbe — von idg. gutturaler Media und dem Anlaut des Präteritalsuffixes (idg. *g + dh* > idg. *kt* > germ. *ht*). In germ. ***branhtō* traf wahrscheinlich eine idg. aspirierte gutturale Media primär mit dem anlautenden Dental des Präteritalsuffixes zusammen (idg. *gh + dh* >

idg. *kt* > germ. *ht*). Setzt man — wie es auch geschieht — idg. *k* als wurzelschließenden Konsonanten an, der durch die Spirantenerweichung zu germ. *g* wurde, so läßt sich wie bei *vürhten — vorhte* (< idg. **pr̥k-dhōm*) ein Primärberührungseffekt von idg. Tenuis und *dh* erkennen (idg. *k + dh* > idg. *kt* > germ. *ht*), bei dem nur der Anlaut des Dentalsuffixes verschärft wurde (*dh* > *t*).

§ 144. Auch im Part. Prät. unterscheiden sich lang- und kurzwurzlige *jan*-Verben. Die kurzwurzligen bewahrten in allen Partizipialformen das stammbildende Suffix und haben folglich Umlaut des Wurzelvokals (ahd. *nerien-nerita-ginerit, gineriter*). Bei den langwurzligen schwand es in der flektierten Form, blieb aber in der unflektierten erhalten, so daß der Wurzelvokal dort umgelautet erscheint (ahd. *brennen-branta-gibrennit, gibranter*). Prinzipiell gilt diese Regelung auch für das Mdh., doch finden sich Ausgleichsformen (*gebrant* neben *gebrennet*). — Die Part.Prät. der ehemals starken *jan*-Verba haben gewöhnlich kein *i* bzw. *e*: mhd. *gedâht, gedûht, brâht, geworht, gevorht.* Es gibt aber auch hier bereits Ausgleichsformen mit Bindevokal *(gewürket)*.— Zur Flexion der Part. vgl. § 111.

§ 145. *ôn-, ên*-Verba.

Das stammbildende Suffix der *ôn-, ên*-Verba ist durch das ganze Verb konstant; es weist keinen Ablaut auf. Im Mhd. sind *ô* und *ê* zu *e* abgeschwächt. In ahd. *-ô-* setzt sich das idg. stammbildende Suffix *-ā-*, germ. *-ō-* fort. Das Stammsuffix ahd. *-ê-* beruht auf germ. *-ai-* (< idg. *ēi*), das in zweiter Silbe monophthongiert wurde.

Die *ôn-, ên*-Verba bilden im Ahd. die 1.Sg.Präs.Ind. nicht wie die starken Verba und die *jan*-Verba auf idg. *-ō* (§ 123), sondern mit der regulären Primärendung der 1. Person Sg. idg. *-mi*. Es heißt daher ahd. *ih sagên,* *ih salbôn.* Erst im Mhd. erfolgt meist Ausgleich: *ich sage, ich salbe* (selten *ich sagen, ich salben*).

Während der Konj. Präs. der *jan*-Verba wie der starken Verba im Ahd. durch ein *ê* charakterisiert ist (§ 124), haben die *ôn-, -ên*-Verba kein eigenes Moduszeichen für den Konj. Präs. Das Optativzeichen hat sich gegenüber den langen Vokalen *ô* und *ê* nicht behaupten und diese auch nicht verändern können. Der Konj. unterscheidet sich vom Ind. des Präs. der *ôn-, ên*-Verba also schon im Ahd. nur durch die Sekundärendungen.

III. Besondere Verbalbildungen
1. Präteritopräsentia

§ 146. Präteritopräsentia sind starke Verba, deren Präteritum Präsensbedeutung angenommen hat, während die eigenen Präsensformen verlorengegangen sind, z. B. griech. οἶδα = „ich habe eingesehen, ich weiß".

§ 147. Präsens

Die Präteritalformen mit Präsensbedeutung sind grundsätzlich gebildet wie die Präteritalformen der starken Verba (§ 127). Der Wurzelvokal erscheint im gesamten Singular Ind. in der idg. *o*-Hochstufe (6. Ablr. germ. *ō*-Dehnstufe), im Plural Ind. und im ganzen Opt. in der Schwundstufe (1.—4. Ablr.) bzw. deren Ersatz (5. Ablr.) oder in der Dehnstufe (6. Ablr.). — Der Singular Ind. ist athematisch gebildet, der Plural Ind. mit dem Bindevokal ahd. *-u-*, mhd. *-e-*. — Der Singular Ind. besitzt Perfektendungen, und zwar haben die Präteritopräsentia auch in der 2. Person die alte Perfektendung idg. *-tha* > ahd. mhd. *-t* bewahrt, die bei den starken Verben durch die Aoristform (§ 127) verdrängt ist, z. B. *dû solt* gegen *dû næme* < ahd. *nâmi*. Der Plural hat Sekundärendungen. — Infinitiv und

Partizip Präs. werden mit der Ablautstufe des Plurals neu gebildet.

Im Pl. Präs. Ind. und im Inf. finden sich auch Formen mit Umlaut, der wahrscheinlich aus dem Opt. eingedrungen ist. Umgekehrt hat der Opt. Präs. auch unumgelautete Formen, z. B. *kunne* neben *künne*.

§ 148. Präteritum
Als Ersatz für das ins Präsens abgewanderte alte starke Präteritum wird ein neues gebildet, und zwar mit dem Wurzelvokal in der Pluralstufe und mit dem dentalen Bildungssuffix der schwachen Verba, z. B. *tugen* — Prät. *tohte*. Auch im Opt. Prät. gibt es wie im Opt. Präs. unumgelautete Formen, z. B. *gunde* neben *günde*, doch ist umgekehrt der Umlaut des Optativs nicht in den Indikativ eingedrungen.

Charakteristisch für dieses neue Prät. ist das Auftreten der Primärberührungseffekte, denn als ehemals starke Verba haben die Präteritopräsentia keinen Bindevokal im Präteritum; wurzelauslautender Konsonant und Dentalsuffix stießen primär zusammen, wie wir es schon bei einer gewissen Gruppe von *jan*-Verben sahen (§ 28a; 143).

Als alte starke Präterita lassen sich die Präteritopräsentia in die verschiedenen Ablautreihen einordnen:

§ 149. 1. Ablautreihe. Präs. Ind. 1. 3. Sg. *weiȝ*, 2. Sg. *weist*, 1. 3. Pl. *wiȝȝen*, Inf. *wiȝȝen*.

2. Sg. *weist* zeigt primären Berührungseffekt (idg. $d + t(h) > tt >$ germ. *ss*). In den übrigen Formen trat Verschiebung von germ. $t >$ ahd. mhd. ȝȝ, ȝ ein (§ 20a).

Prät. Ind. 1. 3. Sg. *wisse, wësse, wiste, wëste*. Die Formen mit -*ss*- haben den ursprünglichen, durch die Primärberührung von idg. $d + dh > tt >$ germ. *ss* entstandenen Konsonantenstand bewahrt, über Weiterentwicklung zu -*st*- vgl. § 28. Das Nebeneinander von *i* und *ë* beruht auf Fehlen oder Eintreten der Brechung von *i* > *ë* (vgl. § 47). — Die nhd. Form *wußte* ist aus md. Formen erwachsen, die die Verdunklung des Wurzelvokals nach *w* zeigen: *wuste, woste* (mit Brechung, § 46).

§ 150. **2. Ablautreihe.** Präs. Ind. 1.3. Sg. *touc*, 1.3. Pl. *tugen tügen*, Inf. *tugen, tügen*. Das Verb wird meist unpersönlich gebraucht.

Prät. Ind. 1.3. Sg. *tohte*. Das Prät. zeigt Primärberührung von idg. *gh* + *dh* > idg. *kt* > germ. *ht*. Die Brechung von *u* > *o* im Singular ist analog auf den Pl. und den ganzen Opt. übertragen worden, Opt. Sg. *tohte, töhte*.

§ 151. **3. Ablautreihe.** a) Präs. Ind. 1.3. Sg. *kan*, 2. Sg. *kanst*, 1.3. Pl. *kunnen, künnen*, Inf. *kunnen, künnen*.

Die 2. Sg. *kanst* ist analog zu *weist* gebildet, die zu erwartende Form *kant (vgl. got. *kant*) ist im Ahd. Mhd. nicht belegt.

Prät. Ind. 1.3. Sg. *kunde, konde* (< ahd. *kunda, konda* mit Primärberührung von Nasalgruppe + *dh* > idg. *nt* > germ. *nþ* > ahd. mhd. *nd*. Vor Nasalverbindung tritt Brechung von *u* > *o* nicht ein (§ 46); die im Mhd. seltenen Formen mit *o* sind vielleicht analog zu *tohte, dorfte* usw. entstanden.

Präs. Ind. 1.3. Sg. *gan*, 2. Sg. *ganst*, 1.3. Pl. *gunnen, günnen*, Inf. *gunnen, günnen* „gönnen, lieben".

2. Sg. *ganst* vgl. *kanst*.

Prät. Ind. 1.3. Sg. *gunde, gonde* vgl. *kunde, konde*.

Die mhd. Formen sind Kontraktionsformen, z. B. *gan* < *g* + *an*. Ahd. lauten die Formen: *an, unnum, onda* usw.

b) Präs. Ind. 1.3. Sg. *darf*, 2. Sg. *darft*, 1.3. Pl. *durfen, dürfen*, Inf. *bedurfen, bedürfen*.

Prät. Ind. 1.3. Sg. *dorfte*. Die Brechung von *u > o* im Sg. ist analog auf den Pl. und den Opt. übertragen worden, Opt. 1.3. Sg. *dorfte, dörfte*.

Präs. Ind. 1.3. Sg. *tar*, 2. Sg. *tarst*, 1.3. Pl. *turren*, *türren*, Inf. *turren, türren* „wagen".

Das Verb heißt got. *gadaúrsan*; die germ. Lautgruppe *rs*, die im Got. erhalten blieb, wurde im Ahd. zwischen Vokalen zu *rr*, z. B. *turren*, zu *r* gekürzt im Auslaut, z. B. *tar*. Sie blieb erhalten in der 2. Sg. *tarst*.

Prät. Ind. 1. 3. Sg. *torste* (Primärberührung von *rs + dh >* idg. *rst*, das erhalten blieb) Opt. *torste, törste* vgl. *dorfte*.

§ 152. 4. Ablautreihe. Präs. Ind. 1.3. Sg. *sal, sol*, 2. Sg. *salt, solt*, 1.3. Pl. *suln, süln*, Inf. *suln, süln*.

Die Formen *sal, sol* usw. gehen auf ahd. *skal* usw. zurück. Seit dem 10. Jh. beginnt das *k* zu schwinden (*sal*), oft unter gleichzeitiger Verdunklung des *a > o* (*sol*). Es tauchen aber auch in mhd. Texten noch Formen mit anlautendem *sk* auf (z. B. *skal, skol*) oder *sch < sk* (§ 14,4), z. B. *schal, schol*. — Die Pluralformen dieser Ablautreihe sind von der Schwundstufe gebildet, wie das für die 4. Reihe zu erwarten ist, während die normalen starken Verba die Dehnstufe aufweisen (§ 57).

Prät. Ind. 1.3. Sg. *solte, solde*. Der Sg. Prät. Ind. zeigt Brechung von *u > o*, die analog auf den Pl. Ind. und den Opt. übertragen wurde, Opt. *solte, solde, sölte, sölde*. — Die Präteritalformen mit *ld* sind durch Erweichung (partielle Assimilation) entstanden (§ 37,7).

§ 153. 5. Ablautreihe. Präs. Ind. 1.3. Sg. *mac*, 2. Sg. *maht*, 1.3. Pl. *magen, megen*, häufiger *mugen, mügen*, Inf. *magen, megen, mugen, mügen*.

2. Sg. *maht* weist primären Berührungseffekt auf (§ 28). Die Einordnung dieses Verbs bereitet Schwierig-

keiten; der Sg. *mac* usw. entspricht nach Wurzelvokal und wurzelschließendem Konsonanten der normalen 5. Reihe (§ 57), die Formen des Pl. dagegen weisen nicht die zu erwartende Ersatzdehnstufe auf (*gâben*). Die ältesten ahd. Formen haben hier vielmehr *a*, z. B. *magum*. Erst im klassischen Ahd. wurden die Formen mit *u* in Angleichung an die Verba der 3. und 4. Ablautreihe gebildet. Die Pluralformen mit *u* bzw. *ü* (Umlaut aus dem Opt.) sind die mhd. Normalformen; selten finden sich noch Formen mit *a*. Die entsprechenden umgelauteten Formen mit *e* sind häufiger belegt, z. B. *megen*.

Prät. Ind. 1.3. Sg. *mahte, mohte*. Das Prät. hat Primärberührung von idg. *gh + dh > idg. kt* germ. *ht*. *mahte* zu *magen* ist die ältere Form, *mohte* ist Neubildung nach dem Pl. *mugen* mit Brechung, vgl. *tohte* und *solte*.

§ 154. 6. Ablautreihe. Präs. Ind. 1.3. Sg. *muoჳ*, 2. Sg. *muost*, 1.3. Pl. *muoჳen, müeჳen*, Inf. *muoჳen, müeჳen*.

Die 2. Sg. *muost* hat Primärberührung von idg. *d + t(h) > idg. tt > germ. ss, st*.

Prät. Ind. 1.3. Sg. *muose, muoste*. Das Prät. zeigt Primärberührung von idg. *d + dh > idg. tt germ. ss*, das nach langem Vokal oder nach Diphthong vereinfacht wurde (§ 30), z. B. ahd. *muosa*, mhd. muose. Daneben entstanden Formen mit *st* (§ 28), z. B. mhd. *muoste*.

2. Das Verbum *wellen*

§ 155.

Präsens Indikativ

	mhd.	ahd.		
Sg. 1.	wil, wile	willu	Opt.:	mhd. welle usw.
2.	wil, wile, wilt	wili, wile		ahd. welle usw.
3.	wil, wile	wili, wile	Inf.:	mhd. wellen

Pl. 1. wellen, weln   wellên   ahd. wellen
    2. wellet, welt   wellet   Part. Präs.:
    3. wellent, welnt wellent   mhd. wellende
                                    ahd. wellenti

Das Verb *wellen* verwendete ursprünglich Optativformen zur indikativischen Aussage. Das läßt sich aus
den ahd. Formen der 2. 3. Sg.Ind. noch gut erkennen
(wil-i). Sie leben in mhd. *wil(e)* (= 1. 2. 3. Sg.Ind.) fort.
Die Pluralformen wurden dagegen schon im Ahd. durch
echte Indikativbildungen ersetzt. Da dies in Angleichung an die Flexion der schwachen *jan*-Verba geschah,
haben die Pluralformen Gemination und Umlaut:
wellen, wellet, wellent (gebildet von der Wurzel germ.
*wal-). Die geminationslosen Formen *weln, welt, welnt*
wurden analog den Singularformen gebildet.

    1. Sg. idg. *uel-ī-m > germ. **wil-ī-(n)* > mhd. *wil-(e)*
(mit Schwund des auslautenden *e* (< ahd. *i*) nach *l*).
Während das Mhd. die alte Optativform bewahrte,
kennen wir aus dem Ahd. nur die Form *willu*, die ebenso
wie der Ind.Pl. gebildet ist.

    2. Sg. idg. *uel-ī-s germ. **wil — ī — z* > ahd. *wil-i* >
mhd. *wil-(e)*.

    3. Sg. idg. *uel-ī-t > germ. **wil-ī-(đ)* > ahd. *wil-i* >
mhd. *wil-(e)*.

wellen bildet in Angleichung an die Präteritopräsentia
1. die fehlenden Formen des Präs. (Opt.Inf.Part.) nach
    der Vokalstufe des Pl.Ind., hier also mit der *o*-Hoch-
    stufe derWurzel, z. B. Inf. *wellen* < germ. **waljana(n)* ;
2. ein schwaches Prät. *wolte, wolde* mit Verdumpfung
    des Wurzelvokals von *a* > *o* in Nachbarschaft von *w*
    und Erweichung *lt* > *ld* (§ 37,7);
3. die im Mhd. sehr häufig neben *wil* belegte 2. Sg. Ind.
    wilt (vgl. *solt, darft* usw.).

3. Wurzelverba

§ 156. Wurzelverba sind Verba, deren Flexionsformen keinen Bindevokal aufweisen (athematische Bildung) und deren Endungen unmittelbar an die Wurzel antreten (vgl. Wurzelnomina, § 88). — Diese Verba sind auch dadurch ausgezeichnet, daß sie die 1. Sg. Präs. Ind. mit der idg. Primärendung *-mi* bilden. Man bezeichnet sie daher auch als *mi*-Verba.

§ 157. *gân, gên; stân, stên*

Präsens

	Indikativ	Optativ
Sg. 1.	gân, gên	gâ, gê
2.	gâst, gêst	gâst, gêst
3.	gât usw.	gâ usw.
Pl. 1.	gân	gân
2.	gât	gât
3.	gânt	gân

Partizip: gânde, gênde
Infinitiv: gân, gên
Imperat.: gâ, gê
       gât, gêt
Part. Prät:
   gegân (selten),
   meist: gegangen

Bereits im Ahd. stehen neben den starken Verben der 7. bzw. 6. Klasse *gangan, gieng, giengum, gigangan* und *stantan, stuo(n)t, stuo(n)tum, gistantan* im Präs. Ind., seltener im Opt., Formen der Wurzelverba *gân, gên, stân, stên*. Im Mhd. sind die Präsensformen mit der Wurzel *gang-* bzw. *stand-*, bis auf den Opt. Präs. des Alemannischen *gange* usw., *stande* usw., durch Formen der Wurzeln *gâ-, gê-* bzw. *stâ-, stê-* ersetzt worden, während die Präteritalformen *gienc, giengen, gegangen* (daneben Neubildung *gegân*) bzw. *stuo(n)t, stuonden, gestanden* (Neubildung *gestân*) erhalten blieben.

Die Formen mit *â* sind von Hause aus überwiegend alem. und rheinfränk., die *ê*-Formen überwiegend bair. und fränk. Doch haben die *â*-Formen in der klassischen Literatur weite Verbreitung gefunden, weil sie bequeme

Reimmöglichkeiten bieten. — Es besteht jedoch auch
ein modaler Unterschied: die *ê*-Formen werden gern im
Opt. verwendet.

Die athematischen Formen sind im Ind.Präs. wie
gewöhnlich mit Primärendungen, im Opt. Präs. mit
Sekundärendungen gebildet; der Imperativ 2. Sg. ist
endungslos = reine Wurzel. — Das Ahd.Mhd. zeigt
in der 2.3. Sg.Präs.Ind. die Tendenz zur thematischen
Flexion. In Analogie zu den entsprechenden Kasus der
starken Verba und der schwachen *jan*-Verba werden
sie häufig mit den „Endungen" ahd. *-is(t)*, *-it* ver-
sehen, die mit dem Wurzelvokal zum Diphthong *ei* ver-
schmelzen: ahd.mhd. *geist*, *geit* bzw. *steist*, *steit*.

Zum Prät. *gienc* wird im Mhd. eine Kurzform *gie*
neu gebildet.

§ 158. *tuon*

Präsens

		Indikativ	Optativ	
Sg.	1.	tuon	tuo	Imperativ: tuo, tuot
	2.	tuost	tuost	Infinitiv: tuon
	3.	tuot	tuo	
Pl.	1.	tuon	tuon	Partizip: tuonde
	2.	tuot	tuot	
	3.	tuont	tuon	

Präteritum

		Indikativ	Optativ	
Sg.	1.	tete	taete	
	2.	taete	taetest	
	3.	tete	usw.	Partizip: getân
Pl.	1.	tâten		
	2.	tâtet		
	3.	tâten		

Das Präs. ist durchgehend von der idg. Wurzel *dhō-
gebildet, an die im Ind. Primärendungen (idg. *dhō-mi
> ahd.mhd. tuo-n), im Opt. Sekundärendungen (idg.
*dhō-m > ahd. mhd. tuo) antraten. Der Imperativ 2.Sg.
ist wie gewöhnlich endungslos = reine Wurzel.

Die Nebenform der 1.Sg.Ind.Präs. tuo ist aus dem
Opt. übernommen. — Die mittelfränk. Formen der
2.3. Sg.Ind. deist, deit sind in Analogie zu geist, geit
usw. gebildet, § 157. — Neben den gewöhnlichen Optativformen tuo usw. entstanden schon im Ahd.
Formen, die in Analogie zu den starken Verben und
den schwachen jan-Verben das ê des Opt.Präs. übernahmen (§ 124), z. B. 2. Sg. ahd. tuoês(t), mit Übergangslaut: j (§ 37,4) tuojês(t), das j bewirkte Umlaut:
mhd. tüejest. Diese Optativformen sind besonders
für das Alem. charakteristisch.

Dem ahd.mhd. Prät. liegen alte Reduplikations-
formen zugrunde, die sich in der 1.3. Sg. lautgesetzlich
entwickelt haben, z.B. 1. Sg. idg. *dhe-dhōm > germ.
*de-dō(n) > de-dō > ahd. te-ta > mhd. te-te. Im Pl.
und in der 2. Sg.Ind. sowie im ganzen Opt. wurde die
Reduplikationssilbe zu ē gedehnt in Anlehnung an das
Prät. der starken Verba der 4. und 5. Ablautreihe (vgl.
got. Pl. des schwachen Prät.), z. B. 1. Pl. Ind. idg.
*dhē- dh- > germ. *dē-d- > dē-d- > ahd. tâ-t-um (§ 40,2)
> mhd. tâ-ten. Im übrigen sind im Prät. Sekundär-
endungen angetreten wie auch im Prät. der starken
Verba; die 2.Sg.Ind. tâti ist wohl in Analogie zu nâmi,
gâbi usw. gebildet.

Im Pl.Prät. stehen neben den ursprünglichen Formen
mit â solche mit æ, die in Analogie zum Opt., und
solche mit e, die nach der 1.3. Sg. gebildet sind: z.B.
tæten und teten neben tâten.

Der Opt. Prät. ist wie der eines starken Verbs mit dem Optativzeichen *î* (> mhd. *e*) gebildet (§ 128), das Umlaut des Wurzelvokals bewirkte. Neben den ursprünglichen Formen mit *æ* stehen solche mit *e*, die analog zur 1.3. Sg. Ind. gebildet sind.

§ 159. *sîn* (verbum substantivum)

		Präsens	
		Indikativ	Optativ
Sg.	1.	bin	sî
	2.	bist	sîst
	3.	ist	sî
Pl.	1.	birn, sîn	sîn
	2.	birt, sît	sît
	3.	sint	sîn

Alle übrigen Formen werden durch das Verb der 5. Ablautreihe *wësen* ersetzt: Inf. *wësen* neben *sîn*, Part. Präs. *wësende*, Imp. *wis, bis, wëset*. Prät. *was, wâren*, Part. Prät. *gewësen*.

Die Formen des mhd. Verbs *sîn* sind ursprünglich aus drei verschiedenen Wurzeln bzw. Stämmen gebildet:

1. idg. Wurzel *es (Hochstufe) — *s (Schwundstufe) vgl. lat. *es-t, s-unt*;
2. idg. Wurzel **bhū-*, vgl. lat. *fu-i*;
3. Wurzel des starken Verbs *wësen* (§ 135).

Von der schwundstufigen Wurzel **s-* sind alle mit s- anlautenden Formen gebildet (3. Pl. Präs. Ind. und der ganze Opt. Präs.). Die vollstufige Wurzel **es-* liegt allen mit *i-* anlautenden Formen zugrunde. Sie tritt rein im Ahd. Mhd. nur noch in der 3. Sg. Ind. Präs. *ist* < idg. *es-ti auf. Aber auch in allen im Ahd. Mhd. mit b- anlautenden Formen ist die Wurzel **es-* enthalten. Diese Formen beruhen nämlich nicht nur auf der Wurzel idg.

*bhū-, sondern sind Kontaminationsformen der Wurzeln *bhū- und *es-, wobei die Wurzel *bhū- nur das anlautende b- stellt, die Wurzel *es- hingegen die Flexion trägt, z. B. 1. Sg. Ind. Präs. *bin* < ahd. *b + im* < *imm* < germ. *iż-m(i)* < idg. *es-mi*.

Im Ind. treten Primärendungen, im Opt. wie üblich Sekundärendungen an die verschiedenen Wurzeln.

Die Formen mhd. *birn, birt*, die im 13. Jh. allmählich veralten, zeigen Spirantenerweichung (§ 25), z.B. 1. Pl. *bir(e)n* < ahd. *b + irum* < germ. *iż-um*. — Das Alem. der mhd. Zeit kennt auch bei diesem Verb Formen mit angefügtem Optativzeichen mhd. *e* (< ahd. *ê*) und Gleitlaut *j*, z. B. *sî(j)e, sî(g)e* (§ 37,4). Über die parallele Bildung *tüeje* vgl. § 158.

4. Kontrahierte Verba

§ 160. Erst im spätesten Ahd. setzt eine Bewegung ein, die für das Mhd. charakteristisch wird: zu den verschiedensten (normalen) Verben werden kontrahierte Formen gebildet (vgl. § 37,8). Der Anstoß dazu wird von den Wurzelverben ausgegangen sein; denn viele kontrahierte Verba gleichen in Aussehen und Flexion durchaus den im Mhd. einsilbigen *mi*-Verben. In Analogie zu *gân, gên* und *stân, stên* finden wir die kontrahierten Verbformen vor allem im Ind., Inf. und Part. Präs., während der Opt. Präs. und das ganze Prät. die unkontrahierten Formen bevorzugen.

1. Kontraktionen über *h*: *slahen* > *slân*, *vlêhen* > *vlên*, *zîhen* „zeihen" > *zîn*, *hâhen* > *hân*, *vâhen* > *vân* usw.

Die neu gebildeten Präteritalformen *hie* neben *hienc*, *gehân* neben *gehangen* „hängen" bzw. *vie* neben *vienc*, *gevân* neben *gevangen* sind dem Prät. von *gân* nachgebildet.

2. Über Kontraktionen von Verben mit den Lautgruppen *ige, ibe, ide, ege, ebe, ede (age, ade)* vgl. § 37,8.

3. *lân* und *hân*.

lân ist den Wurzelverben *gân* und *stân* nachgebildet: *lâzen* > *lân, lie* neben *liez, gelân* neben *gelâzen.*

Die alten unkontrahierten Formen von *haben* werden meist in der Bedeutung „halten" gebraucht, während die verkürzten Formen meist als Hilfszeitwort verwendet werden.

Präsens:
Ind. *hân, hâst, hât, hân, hât, hânt.*
Opt. hat meist noch die unkontrahierten Formen, selten ist der Pl. *hân, hât, hân.*

Präteritum:
Ind. 1. Sg. *hâte, hæte, hête, het(e),* mfr. *hatte, heite* usw.
Opt. 1. Sg. *hæte, hete, hête.*

Im Prät. standen schon im Ahd. mehrere Formen nebeneinander: Das lautgesetzliche Prät. zu ahd. *habên* lautet in der 1. Sg. Ind. *habêta* > mhd. *hâte* (in unbetonter Satzstellung); ahd. *hebita* ist in Analogie zu den *jan*-Verben entstanden, es wird zu mhd. *hête* (in satzunbetonter Stellung) oder *heite* (mfr.) (= Kontraktion von *ebe*). — Die übrigen mhd. Formen sind nicht aus dem Ahd. zu entwickeln: mhd. *hete* wird analog zu *tete* gebildet sein, *hâten* = *tâten, hæte* ist aus dem Opt. übertragen (vgl. *tæte,* § 158).

3. Teil: Satzlehre

Vorbemerkungen

§ 161. Während Wörter Träger von Einzelbedeutungen sind, werden in Sätzen mehrere Wörter zu komplexen Aussageeinheiten zusammengefügt. Die Lehre von der Satzbildung, der Syntax (von griech. *syntaxis* „Anordnung, Zusammenfügung"), beschreibt die syntaktischen Regeln, nach denen Sätze gebildet werden.

Ein Satz besteht aus mehreren Elementen. Jedes erfüllt eine bestimmte Funktion im Hinblick auf das Ganze des Satzes. Diese Funktionen sind zwar verschiedenartig, jedoch aufeinander abgestimmt, und sie sind auf Wörter verschiedener Wortarten verteilt.

§ 162. Im Mhd. besteht ein vollständiger Satz wie im Nhd. aus einer syntaktischen Einheit, in der ein substantivischer und ein verbaler Teil aufeinander bezogen sind. Körperhafte Dinge, Lebewesen und Abstrakta werden nominal bezeichnet. Dagegen können Zeitstufen, Handlungen und Verläufe durch Verben und Verbformen bezeichnet werden. Ein Satz besteht als eine vollständige syntaktische Einheit, wenn ein nominales und ein verbales Element in ihm enthalten und aufeinander bezogen sind. Im Gegensatz zum strenger geregelten Satzbau des Nhd. ist das Mhd. dabei durch etwas größere Flexibilität in der Syntax gekennzeichnet.

§ 163. Das Mhd. weist wie das Nhd. Satzglieder auf, denen bestimmte syntaktische Funktionen zukommen. Notwendige Satzglieder sind Subjekt (Satzgegenstand) und Prädikat (Satzaussage). Erweiternde Satzglieder sind Objekt (Ergänzung), Attribut (Beifügung zu einem anderen Satzglied oder Satzteil) und adverbiale Bestimmung (freie Angabe).

§ 164. Die Satzglieder stehen innerhalb eines Satzes in einem Bezugssystem. Sie erscheinen in den Flexionsformen, die dem Sinnzusammenhang und dem grammatischen Bezug zu anderen Wörtern des Satzes entsprechen. Beispiel: *ich* (Nom.Sg.Pers.Pron.1.Pers.) *zôch* (1.Sg.Prät.Ind.) *mir* (Dat. Sg.Pers.Pron.1.Pers.) *einen* (Akk.Sg.Num./unbest.Art.) *valken* (Akk.Sg.Subst.), *mêre danne* (Adv.) *ein* (Akk.Sg.Num./ unbest.Art.) *jâr* (Akk.Sg.Subst.) (Text MF 8,33).

Eine Veränderung auch nur einer der gewählten Wortformen oder der Satzstellung würde den Sinn des Satzes verändern, könnte aber auch dazu führen, daß ein syntaktisch falscher Satz entsteht (z.B. *ich ziuhe mir einen valken . . .; zôch mir mêre danne ein jâr valken ich*).

§ 165. Die flexionsmäßige Übereinstimmung von Satzgliedern und Einzelwörtern innerhalb eines Satzes wird als K o n - g r u e n z bezeichnet. Fixpunkt dafür ist im wesentlichen das den Satz tragende Subjekt, das stets im Nominativ erscheint. Es ist von anderen Satzgliedern unabhängig, bestimmt seinerseits aber Person und Numerus des zugehörigen Verbs, also des Prädikats.

Die R e k t i o n , die Fähigkeit eines Wortes, die Flexionsform eines anderen, von ihm abhängigen Wortes zu bestimmen, kommt vor allem Verben und Präpositionen zu sowie, hinsichtlich Artikel und zugehörigem Attribut, Substantiven.

Beispiel: *ûz riten die birsære durch hovelîchiu mære* (Lau 89/90). Da die Präposition *durch* den Akkusativ erfordert, erscheint das abhängige Satzglied in diesem Kasus.

§ 166. In der Wortstellung, der gemäß den Regeln vorgenommenen Reihenfolge der Wörter innerhalb eines Satzes, gleicht das Mhd. weitgehend dem Nhd. Eine etwas größere Freiheit der Satzstellung ist im Mhd. festzustellen, ergibt sich aber vielfach auch durch den Versbau.

Beispiel: *nu nâhten vremdiu mære in Guntheres lant, von boten* . . . (Nl 139/40).

§ 167. Wie im Nhd. gibt es auch im Mhd. verschiedene Satzarten: Aussagesätze, Fragesätze, Befehls- und Aufforderungssätze, Ausrufesätze. Sie unterscheiden sich nach der Haltung, die der Sprechende gegenüber der Wirklichkeit einnimmt und sind in ihrer Bildungsweise unterschieden (vgl. § 189).

§ 168. Sätze können aus nur einer Einheit von Subjekt und Prädikat bestehen. Sie werden dann als einfache Sätze bezeichnet. Zusammengesetzte Sätze enthalten mehrere solcher Einheiten. Diese Teil-Einheiten werden als Gliedsätze oder Teilsätze bezeichnet.

Beispiel: *Sehet,* (1. Gliedsatz), *dô kam dort her geriten ein getwerc mit swinden siten,* (2. Gliedsatz), *daz was Laurîn genant.* (3. Gliedsatz) (Lau 151–53).

Die vom Hauptsatz abhängigen Nebensätze oder abhängigen Gliedsätze bilden gemäß der Art ihrer syntaktischen und logischen Abhängigkeit verschiedene Nebensatzarten, nämlich Subjektsätze, Objektsätze, Lokalsätze, Kausalsätze etc.

A. Satzglieder

I. Subjekt

§ 169. Das Subjekt ist je nach dem Sinn eines Satzes Träger von Handlung, Aussage, Frage, Aufforderung, Wunsch, so wie es der Gesamtsinn eines Satzes festlegt. Kasus des Subjekts ist der Nominativ. Es regiert, selbst unabhängig, das als Prädikat fungierende Verb hinsichtlich Numerus und Person.

Wortarten, die Subjektfunktion übernehmen können, sind vor allem Substantiva (*daz getwerc was sprüche frî*, Lau 281), Pronomina (*dô riten si bî einer wîle* ... Lau 99), substantivisch gebrauchte Adjektiva (*. . . ja betrüge uns nie der kleine* Lau 942), Verbalnomina (*dîn rîten ist gein im enwiht* Lau 434), vereinzelt auch Part. Prät. etc. (*geroufet unde geweinet von in vieren dâ vil geschach* Mai 146,10f.).

§ 170. In imperativischen Aufforderungs- und Befehlssätzen braucht das Subjekt nicht eigens durch ein Nomen benannt zu werden, da es aus der Flexionsform des Verbs eindeutig erkennbar ist (*nu rich an mir dîn herzenleit* Lau 460). In unpersönlichen Konstruktionen steht *ez* als Subjekt. Verba impersonalia bezeichnen vornehmlich Naturvorgänge (*dô tagte ez.* MF 143,29), Empfindungen (*ez gât mir vonme herzen, daz ich geweine* MF 9,13). Gehen Dat. oder Akk. eines Personalpronomens dem Prädikat voran, so fehlt *ez* (*aller sælden mir gebrast* Pz 688,24).

Als sogenanntes Scheinsubjekt steht *ez* an der Spitze von Sätzen, die außerdem ein nominales Subjekt aufweisen (*ez was ein küneginne gesezzen über sê* NL 326,1).

II. Prädikat

§ 171. Durch das Prädikat wird eine vom Subjekt des Satzes ausgehende oder auf es bezogene Tätigkeit oder Aussage bezeichnet. Das Prädikat besteht stets aus einer finiten Verbform, durch die Tempus und Modus gekennzeichnet werden. Hinsichtlich Person und Numerus ist das Prädikat der Kongruenz mit dem Subjekt unterworfen, während es seinerseits Rektion auf mögliche Objekte ausübt. Es hängt von der semantischen Bedeutung des Verbs, das das Prädikat bildet, ab, in welchem Kasus das Objekt bzw. die Objekte erscheinen. (*die rôsen gâben süezen smac unde dar zuo liehten schîn* Lau 112/13; *des garten phliget ein biderbe man* Lau 122).

§ 172. Ein einteiliges Prädikat enthält nur eine finite Form eines Vollverbs. Dazu zählen auch finite Formen von zusammengesetzten Verben, deren Teile auseinandertreten (*er huop sich ûf vil hôhe* ... MF 9,2). Ein mehrteiliges Prädikat besteht aus verschiedenartigen Wörtern, die zu einer Einheit zusammengefügt sind. Dabei tritt die finite Verbform allerdings nur in einem der zu einem mehrteiligen Prädikat zusammengesetzten Verben auf. Ein mehrteiliges Prädikat kann auch aus Verb und Nomen oder Adverb bestehen.

§ 173. Folgende Kombinationen erscheinen in mehrteiligen Prädikaten des Mhd.:

1. Verb + Hilfsverb (umschriebene Formen), wobei das Hilfsverb in finiter Form erscheint, das Vollverb im Inf. oder Part. Prät. (*mit golde und mit gesteine hete Laurîn der kleine die rôsen schône behangen.* Lau 105−07)

Die im Nhd. übliche Futurbildung mit *werden* + Inf. ist im Mhd. noch sehr selten (*daz wirt er eine klagen* Wolfd. A 390,1). Sie setzte sich erst ab der 2. Hälfte des 14. Jahrhunderts durch. Finite Formen von *werden* mit Part. Präs. eines Vollverbs finden sich aber schon in klass. Zeit zur Bezeichnung des Eintretens einer Handlung oder eines Zustands (= inchoative oder ingressive Aktionsart): *jâ wirt ir dienende vil manic wætlîcher man* Nl 1210,4; *da wurd er varnde von* Wa 6,37.

2. Vollverb + Modalverb, wobei das Modalverb in finiter Form, das Vollverb im Inf. erscheint.

Dieser Bildung kommt im Mhd. besondere Bedeutung zu, weil eigene Futurbezeichnung noch nicht ausgeprägt ist, die Verwendung von Präsensformen zur Kennzeichnung von

Zukünftigem jedoch offenbar nicht ausreicht. So werden die Modalverben *sol, wil, muoz* gern zur Kennzeichnung des Futurs verwendet. In jedem Einzelfall muß geprüft werden, ob die modale oder die temporale Bedeutung gemeint ist oder welche Bedeutung überwiegt. (*ich sol iu sagen mêr waz iu mîn lieber herre her enboten hât* „ich werde" oder „ich soll/will" Nl 1198,2/3).

Die Verbindung von *muoz* mit Inf. bewahrt die modale Bedeutung stärker, jedoch tritt auch die temporale auf (*der ie ân anegenge was und muoz ân ende sîn* Wa 36,37).

Auch *wil* mit Inf. hat überwiegend modale, nämlich voluntative, Bedeutung, kann jedoch auch futurisch gebraucht sein (*ir welt* (werdet) *iuch alle vliesen, sult ir die recken bestân* Nl 1031,4).

Die Präteritalformen der Verben *mac, sol, muoz, kan, darf, wil* werden im Mhd. zur Bildung des Inf. Perf. herangezogen (*unde hetent ir geswigen, die rede die ir habent getân, die wold* (würde) *ich gesprochen hân* Iw 7436). Besonders auffällig ist die Umschreibung, in der der Inf. des Vollverbs mit den genannten Modalverben + *haben* oder *sîn* zusammengesetzt wird, um den Abschluß einer Handlung in der Gegenwart (. . . *er soltez haben lân* „er hätte es unterlassen sollen" Nl 121,3: *si wolden Volkêren ze tôde erslagen hân* „sie wollten Volker (als einen) erschlagen(en) haben)" Nl 1893,3) oder in der Zukunft zu bezeichnen (*in welle got behüeten, du muost in sciere vloren hân* Nl 14,4).

3. V e r b + P r ä d i k a t i v u m (= nichtverbales Element in einem mehrteiligen Prädikat), wobei vor allem Verben mit unspezifischer Bedeutung durch ein Prädikativum ergänzt werden müssen. Betroffen sind vornehmlich die Verben *sîn, werden, blîben, dunken, heizen, gên, stên, liegen.* Als prädikative Ergänzung erscheinen Substantiva, das Pronomen *ez,*

Adjektiva, Partizipien. Sie stehen meist im (Gleichsetzungs-) Nominativ. *diu ê hiez maget, diu was nu wîp* Pz. 45,24; *du wirst ein scœne wîp* Nl 16,3; *sus scœne ich wil belîben* Nl 15,3; *er dunket mich niht wîse* Wa 22,28; *sî lâgen hie beide sêre wunt* Iw. 5957).

Im Mhd. kann das prädikative Adjektiv auch im Akk. erscheinen und auf ein Objekt bezogen sein (*man sol in holden hân* Nl 101,3; *ich erkenne si sô küene* Nl 1593,1).

Gelegentlich erscheint prädikativer Genitiv eines Substantivs nach *sîn, werden, schînen* (*er was gein mir des willen ie* Pz. 303,18).

Inkongruenz zwischen Prädikatsverbum und Prädikativum ist im Mhd. häufiger als im Nhd. anzutreffen (. . . *dâ inne was sîniu buoch . . .* Pz. 459,21/22; *balde wart dô Gahmurete rîchiu kleider dar getragen* Pz. 22,30−23,1; *in hiez mit kleidern zieren Sigmunt und Siglint* Nl 25,2).

III. Objekt

§ 174. Ein direktes Objekt benennt in einem Satz die Person oder Sache, an der sich die Handlung oder Aussage erfüllt (*Witege der wigant sluoc die rôsen abe zehant* Lau 135/36). Ein indirektes Objekt gibt die Person oder Sache an, auf die die Handlung oder der Sachverhalt gerichtet ist (*ich muoz im minner machen der hôchvart an dem garten* Lau 130/31).

Als Objekte treten vor allem Substantiva und Pronomina auf. Sie stehen in einem der obliquen Kasus. Welcher Kasus gewählt wird, ob eine Präp. als Bindeglied verwendet wird oder nicht, hängt von dem Verb ab, das die Funktion des Prädikats wahrnimmt. Die Valenz oder Wertigkeit dieses Verbs bestimmt auch darüber, ob ein oder mehrere Objekte auftreten.

§ 175. 1. Akkusativobjekte

Der Akk. erscheint vor allem bei transitiven Verben als Objekt (*die rôsen gebent süezen smac* Lau 123; *si begunden ez enphâhen* Lau 248).

Bei intransitiven Verben kann das Akkusativobjekt auf die unfeste Verbindung mit einer adverbialen Partikel bezogen sein (*diu werlt lachet mich triegende an* MF 210,11; *... gêt ir alten hût mit sumerlaten an* Wa 73,22).

Der Akk. der Person kann in Verbindung mit unpersönlich konstruierten Verben stehen wie *mich dunket, hungert, dürstet, friuset, wundert, betrâget, verdriuset, genüeget* etc.

Akkusativobjekte dienen zur Bezeichnung einer Erstreckung in der Zeit (*nu gedâht ouch alle zîte daz Guntheres wîp* Nl 724,1; *ich hœre alle morgen weinen unde klagen ... daz Etzelen wîp* Nl 1730,2/3).

Adverbiale Funktion haben Akk. wie *alle wîle, alle stunde* (jederzeit), *die wîle* (solange), *ein stunt* (einmal), *drî stunt* etc.

Zu adverbialen Ausdrücken der Quantität oder Modalität wurden *ein teil* (etwas), *manegen wîs* (auf manche Weise), *deheinen wîs* (keineswegs), *iht* (in irgendeiner Weise) und *niht* (< *neo wiht* „in keiner Weise").

Präpositionen, die auch − jedoch nicht ausschließlich − den Akk. regieren, sind: *after, an, âne, bî, biz daz, durh, enneben, neben, vür, gegen, hinder, in, ob, sunder, über, ûf, umbe, under, unz(e), an/in, ûzen, wider, ze.*

§ 176. 2. Dativobjekte

Das Dativobjekt bezeichnet meist die Person, seltener die Sache, der sich die Aussage zuwendet. Es steht vor allem bei unpersönlichen Verben wie *mir anet, grûwet, versmâhet; mir ist nôt, gêt nôt, ist durft, ist zorn.*

Mit Dativobjekt werden verbunden *genâden, rihten, vluochen, geswîchen, lieben* (wert sein), *leiden* (unangenehm, verhaßt sein), *ruofen, antworten, folgen, untertân sîn, haren, vernemen* (Gehör schenken).

Dativobjekt bei transitiven Verben: *geben, bieten, nemen, bringen, râten, loben* (einem etwas geloben), *lieben* (einem angenehm machen).

Pleonastisch erscheint im älteren Mhd. ein pronominaler Dat. als Reflexivkasus (*ich stuont mir nehtint spâte* MF 8,1; *dô gehît ime sô werde der himel zuo der erde* Melker Marienl. 7,1; *dô sprach sich Gernôt* Nl 1483,1; *der eine was sich her Vâsolt* Ecke 2,4).

In prädikativer Funktion ziehen folgende Adjektiva ein Dativobjekt nach sich: *liep, wert, holt, nütze, kund, niuwe, verre.*

Bei folgenden Präpositionen steht (auch) der Dativ: *ab, after, an, bî, ê/êr, (e)neben, von, vor, gegen, hinder, in, innen, binnen, inner, mit, nâh, ob, sament, sider, sît, sunder, über, ûf, under, ûz, ûzer, wider, ze, zuo, (en)zwischen.*

§ 177. 3. Genitivobjekte

Im Mhd. tritt der Genitiv als Objektkasus häufiger auf als im Nhd. Er steht vor allem bei folgenden Verben: *bîten* (warten auf), *beginnen, darben, (ge)dingen, (be)dürfen, entgelten, ergetzen* (vergessen machen, entschädigen), *enbern, (be)gern, geniezen* (den Erfolg von etwas verspüren), *gehügen, hüeten, jehen* (behaupten, bekennen), *muoten* (begehren), *pflegen* (pflegen, mit etwas zu schaffen haben), *geruochen* (sich um etwas kümmern), *swern, vergezzen, râren* (nachstellen, streben nach), *volgen, warten* (achtgeben, schauen auf), *walten* (Gewalt haben über), *zîhen*; ferner bei reflexiven Verben wie *sich bewegen* (auf etwas bestehen, auf etwas verzichten), *sich gelouben* (sich e. S. entschlagen), *sich genieten* (sich mit etwas abgeben), *sich vlîzen* (Eifer auf etwas verwenden), *sich verstân, sich underwinden* (befassen mit); bei unpersönlichen Verben wie *mich (be)-verdriuzet* (mir ist lästig), *mich betrâget* (mich verdrießt), *mich bevilt* (mir ist zu viel/verdrießt), *mir gebristet, mich gelüstet, mir gebricht.*

§ 178. Auch partitiver Genitiv erscheint in der Funktion des Objekts (*jâ sah er ligen umbe sich der liute sam der steine* Klage 1632/3).

In Verbindung von *niemen* mit der exzipierenden Partikel *wan* oder mit *danne* kann das darauf folgende Personalpronomen im Genitiv statt im Akkusativ erscheinen (*ob ir zen Hiunen hêtet niemen danne mîn, getriuwer mîner mâge und ouch der mîner man* Nl 1256,2/3).

Der Genitiv der Relation bezeichnet den Bereich, innerhalb dessen eine Auswahl gilt, oder die Hinsicht, in der sie gemeint ist (nhd. „in bezug auf"): *got sol iuch bewarn der reise an allen êren* Nl 1154,2/3. . . . *im prîses niemen gelîchen mac* Pz 608,29.

§ 179. 4. Doppelte Objekte

Doppelte Objekte treten in gleichen oder verschiedenen Kasus auf. Die wichtigsten Kombinationen sind:

— doppelte Akkusativobjekte, wobei beide Akkusative Verschiedenes bezeichnen können (*sô lêre ich iuch der wîbe site* Wa 43,28; *doch hal er die maget daz* Iw. 1422) oder dieselbe Person oder Sache durch den sogenannten Gleichsetzungsakkusativ (*den rôten ritter er in hiez* Pz. 170,6; *ich weiz in sô übermüeten . . .* Nl 1717,3; *daz er den lewen wunden sach* Iw. 5415)

— Dativ der Person und Akkusativ der Sache bei *bieten, bringen, geben, lieben* (einem etwas angenehm machen), *loben* (geloben), *nemen, râten.*

IV. Attribut

§ 180. Als Attribute oder Beifügungen, die nähere Bestimmungen zu substantivischen Satzgliedern geben, treten vor allem Adjektiva, Partizipia, Pronomina (spez. Artikel), Numeralia aber auch Substantiva und gelegentlich Adverbien auf.

Adjektivisch oder pronominal flektierte Attribute unterliegen in Genus, Numerus und Kasus der Rektion des jeweiligen Bezugswortes: *ein guldîne krône* Lau 1064; *und truogen rîchiu kleider an von phellel und von sîden* Lau 1058/59; *Hildebrant der wîse man rief aber sînen herren an* Lau 513/14.

Bekanntlich ist in der deutschen Sprache die Tendenz zu beobachten, daß der Gebrauch des bestimmten und des unbestimmten Artikels im Laufe der Zeit zunimmt. Mhd. und Nhd. stimmen im Gebrauch des Artikels weitgehend überein, aber es gibt im Mhd. auch artikellose Fügungen, die archaisch anmuten (*sun, diene manne bœstem, daz dir manne beste lône* (diene dem Schlimmsten der Männer, damit die der Beste lohne Wa 26,29 (Sprichwort?); *hort der Nibelunge, war habt ir den getân?* Nl 1741,2; *dô was tôt des vergen Gelpfrâte komen mit gewissem mære* Nl 1596, 1/2).

Personifikationen werden gern artikellos gebraucht (*ich vant die stüele leider lære stân, dâ wîsheit adel und alter vil gewaltic sâzen ê* Wa 102,17–19).

Bisweilen wird der Artikel dem Substantiv mit anderen attributiven Beifügungen nachgestellt (*dô sah er her daz grôze daz ûf dem velde lac* Nl 181,1; *golt daz Kriemhilde reichte man darfür* Nl 1277,2; *wine der Gotelinde kom ze hove gegân* Nl 2135,2).

§ 181. *ein*, das als Numerale, Indefinitum und unbestimmter Artikel fungieren kann, ist im Mhd. in seiner Bedeutung recht schillernd. Als unbestimmter Artikel dient es oft zur individualisierenden Kennzeichnung (nhd. „jener", „ein gewisser" vgl. zur Diskussion Schröbler § 293): *daz tuon ich, sô sprach Gunther, ein ritter küen unde balt* Nl 391,4; ... *die schœnen Kriemhilde, ein küneginne hêr* Nl 333,3; *im sleich ein hôhgeborniu küneginne nâch* Wa 19,12 pluralisch: *daz was in einen zîten dô vrou Helche erstarp* Nl 1143,1; *unz daz in zeinen stunden slâfende vunden drî vrouwen* ... Iw. 3361−3).

ein dient auch zur Bezeichnung eines spezifischen Quantums: ... *dâ legen uns an ein gras* Nl 1623,3; *der ist nû ein gift gevallen, ir honec ist worden zeiner gallen* Wa 25,17/18.

§ 182. Bisweilen stehen unbestimmter und bestimmter Artikel gemeinsam bei einem Substantiv: *jâ verlôs ich ein den besten, den ie vrouwe gewan* Nl 1233,4; *an ein daz schœneste gras daz diu werlt ie gewan, dâ vuorte sî mich an* Iw. 334−36.

Wie im Nhd. ist die Verbindung von bestimmtem Artikel und schwach flektiertem Adjektiv als Attribut das Normale. Aber es erscheinen auch starke Adjektivformen nach bestimmtem Artikel: *der listiger man* Ro. 2193; ebenso beim Possessivum: ... *sîn grôziu triuwe sînes stæten muotes* Iw. 3210/11; *dîn süeziu güete und dîn vil minneclîcher zorn* Wolfr. Ld. 6.

Nach unbestimmtem Artikel erscheint das Adjektiv in der Regel stark flektiert, aber auch schwache Formen treten auf: ... *ein langez mære* ... Pz. 3,27; *in einem schœnen brunnen* Nl 1533,3.

§ 183. Nach Personalpronomen erscheint das Adjektiv stark oder schwach flektiert: *er süezer man vil guoter* Pz. 374,22; *mîn tumbes mannes munt* MF 96,9; *ir reiniu* (B, C) *wîp, ir werden man* Wa 66,21.

Substantivische Attribute treten im gleichen Kasus wie das Bezugswort als Apposition auf: *Frô Sælde;* Wa 55,35; als adnominaler Genitiv: *Terramêres suon* Wh 97,12; *Gelfrâtes lant* Nl 1531,3; *ir bruoder houbet* Nl 2366; auch zur Bezeichnung von Beschaffenheit: *ein klôsen niuwes bûwes* ... Pz. 435,7; *der karakter a b c muoser hân gelernet ê* Pz. 453,15.

V. Adverbiale Bestimmung und Präposition

§ 184. 1. Adverbiale Bestimmungen, Umstandsbestimmungen oder freie Angaben bezeichnen Neben- oder Begleitumstände eines Sachverhaltes und sind vornehmlich auf das Prädikat eines Satzes bezogen. In dieser syntaktischen Funktion erscheinen vor allem Adverbien sowie Substantiva im Akkusativ, Genitiv und in präpositionaler Fügung.

Absolute Bedeutung haben Adverbien, die zumeist aus Adjektiven entstanden sind (*oft(e), dâ, dô, hiute, hînaht, wol*). Relative Adverbien, oft mit verknüpfender Bedeutung, drücken dagegen Gemeinschaft oder Absonderung, einen Vergleich sowie das Verhältnis einer Vorstellung oder Aussage zu einer anderen aus (*zesamene, sunder, zwisc(h), gelîche*). Dabei handelt es sich oft um Adverbien, die zugleich als Präpositionen gebraucht werden (*vür* adv. ‚vor, nach vorne hin, hervor etc.‘ − präp. m. Akk. ‚vor, für‘: *under* adv. ‚unten, unter‘ − präp. m. Dat. u. Akk. ‚in der Mitte‘).

Adverbien bestimmen verbal ausgedrückte Handlungen und Sachverhalte näher in lokaler, temporaler, modaler und gradueller Hinsicht.

Beispiele: *rîtest dû hinnen, der aller liebste man* MF 4, 35; *ich zôch mir einen valken mêre danne ein jâr* MF 8,33; *er huop sich ûf vil hôhe* . . . MF 9,2; *sô bin ich willekomen dar* MF 215,4; *mich grüezet maneger trâge* . . . Wa 124,13; . . . *hie ist ze vil gelegen* Wa 22,2; *fride unde reht sint sêre wunt* Wa 8,26; *gein Parzivâle er vaste reit* Pz 443,11.

Zu den graduellen Adverbien können auch Negationsbezeichnungen wie *niht, nie, niergen* gezählt werden (§§ 220–229).

§ 185. 2. **Präpositionen** sind in der Regel Adverbien mit relativer Bedeutung, die ihre Bestimmung durch ein unmittelbar davon abhängiges Element erfahren, das ohne Präposition in dem gegebenen Satzzusammenhang nicht erscheinen könnte. Eine völlig strenge Scheidung zwischen Adverb und Präposition ist nicht möglich.

Die Präpositionen waren ursprünglich freie adverbielle Bestimmungen zur näheren Erläuterung des Kasus, neben dem sie standen. Die Wahl des Kasus wurde also ursprünglich nicht von den Präpositionen bestimmt, sondern vom Satzzusammenhang. Erst nachdem die Verbindungen fest geworden waren, forderten bestimmte Präpositionen bestimmte Kasus. An den alten Zustand erinnern Kasusschwankungen.

Präpositionen können verwendet werden
– zur Bestimmung von Verben,
– zur Bestimmung von Substantiven,
– zur Bestimmung der Verbindung von Verb und Substantiv (*der ie ze liebe muot gewan* Trist. 4766),
– zur Bestimmung von Adjektiven *ir sult vor schaden sicher sîn* Iw 1201.

§ 186. Bei Verben bildet der präpositionale Ausdruck die notwendige oder erwartete Ergänzung des Verbs (*uf ros ie gesaz* Iw 746; *von dem ich des morgens schiet* Iw 784; *daz nim ich . . . ûf die triuwe mîn* Nl 656,1). Bei Verben des Seins gewinnen auch die präpositionalen Bestimmungen prädikativen Charakter: *allez ir gewant was von rôtem golde . . .* Nl 71,2/3; *des wart in unmuote der lewe . . .* Iw 3950/51.

Bei Verben der Wahrnehmung finden sich präpositionale Bestimmungen zur Kennzeichnung des Objekts: *vund er den brunnen âne wer* Iw 2408 . . . *sît ich se an wanke sach* Pz 114,11.

§ 187. Substantiva, die durch Präpositionen näher bestimmt werden, sind vor allem Ortsbestimmungen: *ich Wolfram von Eschenbach* Wh 4,19; *der fürste ûz helle abgründe* Wa 3,12; *wem . . . under iu bî Rîne* Nl 1147,1/2; auch bei Sachen: . . . *der stein ob sîme grabe . . .* Pz 107,7/8; . . . *diu schrift ame grâl* Pz 796,18, sowie Nomina actionis: *zem sprunge . . . von dem pfärde ûf den wasen* Pz. 268, 20/21; *do giengez an ein zucken der swerte von den siten* Trist. 6862/3.

§ 188. 3. Kasusrektion der wichtigsten Präpositionen (bei seltener Verwendung Klammern)

Gen.	Dat.	Akk.	Instr.
	ab		
(after)	after	(after)	after diu
	an	an	an diu, nihte
(âne)		âne	
(bi)	bî	(bi)	bî diu (bediu)
		biz	
		durch	durch nihtiu
ê/êr	ê/êr		
eneben, neben	eneben, neben	eneben, neben	
beneben	(beneben)		
	von		von diu, wiu, alle, nihtiu
vor	vor		
		vür	vür nihtiu
(gegen)	gegen	(gegen)	
(hinder)	hinder	hinder	
	in	in	in diu, wiu, elliu, ihtiu
innen/	innen/		
binnen	binnen		
inner	inner		inner diu
	mit		mit diu, alle = metalle
	nâh		nâh diu, wiu
(ob)	ob	(ob)	
	sament		
	sider, sîder		
sît	sît		sît diu
(sunder)	sunder	sunder	
	(über)	über	(über)
	ûf	ûf	
		umbe	umbe diu, wiu
(under)	under	under	under diu
		unze	
	ûz, ûzen	ûzen	ûz nihtiu
	ûzer		
(wider)	wider	wider	wider
	ze	(ze)	ze diu, wiu, nihte
	zuo		(zuo)
(enzwischen)	enzwischen	enzwischen	

B. Einfache Sätze

Allgemeines

§ 189. Einfache oder einteilige Sätze sind dadurch gekennzeichnet, daß die Einheit von Subjekt und Prädikat in ihnen nur einmal erscheint. Natürlich können einfache Sätze auch gereihte oder mehrteilige Prädikate enthalten.

§ 190. Es gibt im Mhd. wie im Nhd. folgende Arten einfacher Sätze:

1. Aussagesätze (*daz getwerc was sprüche frî.* Lau 281)
2. Fragesätze (*waz fürsten müget ir gesîn?* Lau 284)
3. Aufforderungssätze (*neinâ, vil kleine Laurîn, lâ den helt geniezen mîn!* Lau 387/388)
4. Ausrufesätze (*wie schiere ez in gewerte!* Lau 528).

Die jeweilige Satzart ist durch Modus des Prädikats, Wortstellung und Betonung gekennzeichnet. Normalisierte mhd. Texte verwenden vielfach die im Nhd. üblichen Satzzeichen. In den mittelalterlichen Handschriften finden sich Satzzeichen nur ansatzweise.

§ 191. Der Modus im Prädikat eines einfachen Satzes ist von der Haltung des Sprechenden zu einer Gegebenheit bzw. Aussage, die der Satz ausdrückt, abhängig. Während der Indikativ ein Geschehen oder eine Aussage als tatsächlich bestehend bezeichnet, wird der Konjunktiv (in der Form eines Optativs, § 118) gewählt, wenn etwas, das geschehen sollte oder könnte benannt wird, oder wenn Vermutungen und Zweifel ausgedrückt werden. Dementsprechend wird voluntativer und potentialer Konjunktiv unterschieden. Der Imperativ schließlich bezeichnet etwas, das gemäß dem Willen und der Befehlsgewalt des Sprechenden geschehen soll.

§ 192. Die – vermutlich – unterschiedliche Betonung der mittelhochdeutschen Satzarten ist nur analog aus den nhd. Verhältnissen zu erschließen.

§ 193. Die normale Wortstellung in einfachen Sätzen ist durch die Anfangsstellung des Subjekts gekennzeichnet. An zweiter Stelle steht das Prädikat: *Laurîn kam für geriten, die fürsten heten sîn gebiten.* Lau 231/232.

Abweichend von der normalen Wortstellung kann Inversion, die Vertauschung der Reihenfolge von Subjekt und Prädikat, eintreten. Frage- und Aufforderungssätze sind durch Inversion gekennzeichne, wenn sie nicht durch ein Interrogativpronomen oder durch ein Adverb eingeleitet werden (. . . *nû var dû sam mir* MF 9,21; *wer mohte mir den muot getrœsten . . ?* MF 49,29/30).

Die Anfangsstellung im Satz kann auch ein anderes Wort als das Subjekt einnehmen, vor allem wenn Anschluß an Vorhergehendes, Betonung eines Neuansatzes oder sonstige besondere Betonung bewirkt werden sollen. Beispiele: *zwelf manne sterke hete ez vlorn* Lau 555; *dô schrei daz twerc wünnesam* Lau 558.

§ 194. Typisch für den deutschen Satzbau ist die (verbale) Satzklammer oder der Satzrahmen. Darunter wird die Umschließung anderer Satzglieder durch Teile eines mehrgliedrigen Satzgliedes, zumeist des Prädikats, verstanden. Bei trennbaren Verben bilden die beiden getrennten Bestandteile des Prädikats Anfang und Ende der Satzklammer: *Laurîn der kleine man lief aber hern Dietrîchen an.* Lau 505/506.

Bei mehrgliedrigen Prädikaten erscheint zunächst die finite Verbform, darauf das inhaltlich wichtige Vollverb, danach Modal- oder Hilfsverben in nicht-finiten Formen: *und*

die guldînen borten habt ir getreten in den plân Lau 290/91;
er moht mit sînen sinnen Laurînes niht gewinnen Lau
471/72.

§ 195. Besonderheiten mhd. Wortstellung:
Anders als im Nhd. finden sich im Mhd. nachgestellte Adjektiva: *von helden lobebæren* Nl 1,2; *durch des küneges
liebe unt der küneginne guot* (aus Zuneigung zum König
und um der edlen Königin willen) Nl 1386,4; *wîp vil schœne
. . . MF* 9,21; *. . . drîe künege edel unde rîch* Nl 4,1.
    Substantivische Attribute im Gen. oder nach Präp. ste-
hen im Mhd. anders als im Nhd. nicht selten v o r ihrem Bezugswort: *ûz zer kemenâten tür* Pz. 588,25; *ir bruoder
houbet* Nl 2366,3; *er was ein bluome der jugent, der werlt-
vreude ein spiegelglas, stæter triuwe ein adamas, ein ganziu
krône der zuht* AH 60—64; *daz vorhte si verliesen von
Guntheres man* Nl 60,3.

I. Aussagesätze

§ 196. Aussagesätze dienen der Beschreibung oder Beur-
teilung von Personen, Gegenständen, Sachverhalten und
Handlungen. Wenn die Aussage vom Sprechenden als sicher
oder wirklich eingeordnet wird, erscheint das Prädikat im
Indikativ, soll es dagegen als möglich, ungewiß, irreal oder
wünschbar dargestellt werden, so erscheint das Prädikat im
Konjunktiv. Dabei dient der Konj. Prät ohne Zeitstufenbe-
zug zur Bezeichnung des Irrealen, Wünschbaren, Potentialen.
    Beispiele:
*minne diu hât einen site: daz si den vermîden wolde! daz
gezæme ir baz* (das würde ihr besser anstehen) Wa 57,25;
*. . . uns wære wirtes nôt, der uns noch hînte gæbe durch sîne
tugende sîn brôt* Nl 1637,3/4; *daz wære vürstenlîche getân*
Lau 296.

§ 197. In Aussagesätzen kann eine Vielzahl von zeitlichen Einordnungen auftreten:

— Präsens zur Bezeichnung von Gegenwärtigem (*die stolzen ritter tragent an dörpellîche wât* Wa 124,25)

— atemporales Präsens, vor allem in Sentenzen und Sprichwörtern (*minne diu hât einen site* Wa 57,23)

— Präsens historicum (im Mhd. selten) und Autorpräsens oder szenisches Präsens (*diu küngîn des noch niht enweiz* Pz. 800,19; *daz machte den künec hôchgemuot; unreht er Gâwân doch tuot* Pz. 686,27/28; *wart er ie edel unde rîch, dem ist er nû vil ungelîch* Iw 3357/58)

— futurisches Präsens (*ich behüete vil wol daz, daz ich im kome sô nâhen* Nl 1206,1/2; *wan si truoc in ir lîbe der aller ritter bluome wirt* Pz. 109,10/11; *ich weiz . . . vil wol waz Kriemhilt mit disem schatze getuot* (Präfix *ge-* in futurischer Bedeutung); *dar under lêr ich iuch wol iuwer êre bewarn* Iw. 2800/01)

— Präteritum zur Bezeichnung eines Sachverhalts der Vergangenheit (*wan daz daz wasser fliuzet als ez wîlent flôz* Wa 124,11)

— episches Präteritum (= Tempus des Erzählens) (*ûz riten die birsære durch hovelîchiu mære* Lau 89/90)

— Perfekt (mit und ohne Umschreibung) (*dâ hân ich freude vil verlorn; der grâl mir sorgen gît genuoc; ich liez ein lant da ich krône truoc* (ich habe ein Land aufgegeben) Pz. 441,4−6)

— Plusquamperfekt (mit und ohne Umschreibung) (*der hete mir mîn lant gar verwüestet und verbrant und sluoc mir zwei mîniu kint* Iw 5841−3; *den brunnen ich dar under sach, und swes der waltman mir verjach* (gesagt hatte) Iw. 621/22)

– gnomisches Präteritum in Sätzen mit allgemeiner, sentenzhafter Bedeutung (*wol im der ie nâch staeten fröiden ranc* Wa 13,25).

Besonderheit:

§ 198. Im Mhd. ist die Eröffnung eines Aussagesatzes durch das indefinite, impersonale *ez* besonders beliebt. (*ez wuohs in Burgonden ein vil edel magedîn* Nl 2,1; *ez stuont ein vrouwe alleine und warte über heide* MF 37,4/5).

2. Fragesätze

§ 199. Durch einen Fragesatz soll vom Angesprochenen eine Antwort eingeholt werden, es sei denn, daß es sich um eine rhetorische Frage handelt.

– Entscheidungsfragen evozieren eine bejahende oder verneinende Antwort (*sol mich dan mîn singen und mîn dienst gegen iu niht vervân?* MF 94,9/10)

– Bestimmungsfragen erfragen etwas, das in der Frage stellvertretend in einem Fragepronomen oder -adverb erscheint (*wer hât iuch esele her gebeten?* Lau 259; *owê war sint verswunden alliu mîniu jâr?* Wa 124,1; *Wes manst du mich leides . . ?* MF 7,10).

§ 200. Im Fragesatz können als Modus Indikativ oder Konjunktiv sowie alle Zeitstufen erscheinen. Besonderheit:

– Konj. Prät. zum Ausdruck der Potentialität (*wer hülfe danne mir* Nl 2158,1; *wer wær der sich sô grôz arbeit iemer genæme durch iuch an?* (wer könnte der sein, der . . .) Iw 191).

Fragesätze haben grundsätzlich Anfangsstellung des Prädikats (Inversion), nur treten Interrogativpronomina (im Nom.) und Frageadverbien an den Anfang des Satzes.

III. Aufforderungs- und Wunschsätze

§ 201. Eine Aufforderung, die den Angesprochenen zu etwas bewegen soll, wird im Mhd. durch die Verwendung des Imperativs, seine Umschreibung durch Hilfsverben oder durch die ersatzweise Verwendung von Konjunktivformen ausgedrückt. Das Subjekt wird häufig nicht eigens genannt, weil es in der Imperativform klar erkennbar ist. Es kann aber auch als Vokativ oder als Pronomen hinzugesetzt werden (*sô habe ûf mîne triuwe* Ecke 101,12; *got, hilf nâch mîner gir* Ecke 112,1; *mit witzen sol erz allez wegen, und lâze got der sælden pflegen* Wa 105,9/10).

Wunschsätze sind im Deutschen meist als Aufforderungssätze gestaltet.

Besonderheiten:

- Zur Verstärkung des optativen Ausdrucks können die Formen des Verbs *müezen* im Konj. Präs. in Verbindung mit dem Inf. des Vollverbs erscheinen (*mit sælden müeze ich hiute ûf stên* Wa 24,18; *dîn sêle müeze wol gevarn, und habe dîn zunge danc.* Wa 83,13)
- Wunschsätze, die nicht realisierbare Wünsche aussprechen, werden mit dem Konj. Prät. gebildet (*wan wolte ez tagen!* Ecke 103; *owê gesæhe ichs under kranze!* Wa 75,8), auch mit formelhaftem *wolte got* und asyndetisch folgendem zweiten Wunschsatz (*wolte got, wære ich der sigenünfte wert* Wa (C) 125,4)
- Als Partikel mit wünschender Bedeutung kann *wan* dem Konj. Prät. in einem Wunschsatz vorangestellt sein. Es entstand aus ahd. *hwanta > wande > wan + ne* und hat die ursprüngliche Bedeutung „warum nicht?". Im Nhd. entspricht „o daß doch!" (*ôwe wan het ich iwer kunst* Pz. 8,25; *wolde got, wan wære ich der sigenünfte wert* Wa (E) 125,4).

Aufforderungs- und Wunschsätze weisen oft Anfangs-stellung des Prädikats auf (*zuo flieze im aller sælden fluz, niht wildes mîde sînen schuz* Wa 18,25/26; . . . *got der gebe in leit!* MF 9,18; . . . *als tuo dû, vrouwe schœne* MF 10,3). Stets Inversion weisen die irrealen Sätze mit Konj. Prät. auf.

IV. Ausrufesätze

§ 202. Ausrufesätze verbinden die Feststellung eines Sach-verhaltes oder ein Urteil mit einer Gefühlsäußerung. Als Modus erscheint der Indikativ. Alle Zeitstufen sind möglich.

Besonders bemerkenswert ist die Wortstellung. Ausrufe-sätze haben zwar meist die normale Wortstellung, aber es wird gern ein Ausdruck der Erregung, der Ungeduld, des Jubels, des Schmerzes etc. an den Anfang des Satzes gestellt. Dadurch schaffen sie eine starke Eingangsbetonung und ver-mitteln Erregung (= Erregungsstellung).

Beispiele:

> *wâfenâ, wie hat mich minne gelâzen!* MF 52,37; *owî, welch mort dâ gefrumet wart!* Kschr. 5223; *owê waz êren sich ellendet tiuschen landen!* Wa 13,5; *ahî, nu kumt uns diu zît, der kleinen vogellîne sanc.* MF 33,15.

C. Zusammengesetzte Sätze

§ 203. Allgemeines

Zusammengesetzte Sätze enthalten mehrere Einheiten von Subjekt und Prädikat (= Teilsätze). Wenn zwei oder mehr selbständige Sätze, die auch unabhängig voneinander auf-treten könnten, miteinander verbunden sind, entsteht ein zu-sammengesetzter Satz oder eine Satzverbindung, die auf dem Prinzip der Parataxe (Nebenordnung) beruht.

Werden dagegen zwei oder mehr Sätze so zusammengefügt, daß sie nicht voneinander getrennt werden können,
ohne dadurch den Sinn zu verlieren, und sind sie in der
Weise verbunden, daß sie einem anderen Satz untergeordnet
sind, so entsteht ein zusammengesesetzter Satz oder ein
Satzgefüge, das auf dem Prinzip der Hypotaxe (Unter-
ordung) beruht.

Parataktische Sätze oder Satzverbindungen können asyndetisch (= ohne ein verbindendes Wort) oder
syndetisch (= mit einem verbindenden Wort) gebildet
werden.

§ 204. Zur syndetischen Verbindung dienen demon-
strative Pronomina, Adverbien und nebenordnende Konjunktionen.

Das Verhältnis, in dem die Teilsätze einer Satzverbindung
zueinander stehen, kannn vor allem sein:

— kopulativ (anreihend): *sîn gehilze was guldîn, der knopf
  gap ouch liehten schîn* Lau 201/02,
— adversativ (entgegensetzend): *sî was ie mit vröiden und
  lie mich in den sorgen sîn* MF 155,23/24; *er ist gast, ich
  pin wirtîn* Pz. 188,29,
— kausal (begründend): *der satelboge gap liehten schîn, dar
  an lac manec rubîn* Lau 177/78; *swâ der hôhe nider gât
  und ouch der nider an hôhen rât gezucket wirt, dâ ist der
  hof verirret* Wa 83,14−16.

§ 205. Hypotaktisch zusammengesetzte Sätze
oder Satzgefüge umfassen den übergeordneten Satz (=
Hauptsatz) und von diesem abhängige Sätze (= Nebensätze
oder Gliedsätze). Gehören mehrere Nebensätze zu einem
Satzgefüge, so können sie auch voneinander abhängig sein.
Es ergeben sich damit gegenüber dem Hauptsatz Nebensätze
erster, zweiter etc. Ordnung. Die Nebensätze können aber

auch gleichrangig sein und eine Nebensatz- oder Gliedsatz-
reihe bilden.

Satzgefüge können zu komplizierten Gebilden, den sogenannten P e r i o d e n, zusammengefügt werden. Sie entstehen
durch Verknüpfung eines oder mehrerer Nebensätze mit einem Hauptsatz oder durch Verknüpfung mehrerer Hauptsätze vermittels eines Nebensatzes. Beispiel: *daz er sine
ritterschaft so starke gemerte, swar er mit her kerte, ez wæren
bürge oder stete, daz er vil sines willen tete* Trist. 356−360.

Die S a t z s t e l l u n g in Satzgefügen hängt weitgehend von
der Gattung der einzelnen Nebensätze ab. Dem Hauptsatz
vorangestellt werden vor allem uneingeleitete Konditional-
sätze: *hâst dû triuwe und stætekeit, sô bin ich sîn ân angest
gar* Wa 50,13/14.

Im Hauptsatz eines Satzgefüges entsprechen Wortstellung
und Verwendung der Modi den Regeln für den einfachen
Satz. Bei vorangestellten Nebensätzen erscheint jedoch häufig Inversion (*gîstu mir dîne swester, sô wil ich ez tuon* Nl
333,2 aber: *wæret ir nû wîse, ir holtet iuwer spîse* Er.
5850/51).

Nebensätze oder Gliedsätze enthalten ebenso wie die
Hauptsätze Subjekt und Prädikat. Andere Satzglieder können hinzutreten. Der Funktion nach vertreten Nebensätze
die einzelnen Satzglieder, so daß Subjektsätze, Objektsätze
etc. unterschieden werden.

Das Verhältnis, in dem die Sinngehalte zweier Sätze zueinander stehen, kann syntaktisch durch eine K o n j u n k -
t i o n bezeichnet werden. Man spricht dann von eingeleiteten
Nebensätzen. Das Mhd. kennt uneingeleitete Nebensätze in
größerem Umfang als das Nhd. Offensichtlich hat das Be-
dürfnis nach eindeutiger Bezeichnung und damit Festlegung
des logischen Verhältnisses vom Mhd. zum Nhd. stark zu-
genommen.

§ 206. I. **Uneingeleitete Nebensätze** weisen normale Satzstellung auf, haben jedoch oft den Konjunktiv als Modus. Es handelt sich um Konditional- und Konzessivsätze. Im Nhd. werden sie zur Verdeutlichung gern durch „wenn" bzw. „wenn auch" eingeleitet.

- konditional: *gîstu mir dîne swester, sô wil ich ez tuon* Nl 333,2; *gewan ich ze minnen ie guoten wân, nu hân ich von ir weder trôst noch gedingen* MF 80,1/2 (adversativ); *hæt ich iu ie getân kein leit, ir soldet mir hân widerseit* Lau 293/94.
- konzessiv: *möhten hôher sîn nu dîne gote, sô wolt ich doch ze sîme gebote unz an den tôt belîben* Wh 220,1−3. *möhte ich ir die sternen gar, mânen unde sunnen, zeigene hân gewunnen, daz wær ir, sô ich iemer wol gevar.* MF 52,35−38.
- Auch die indirekte Rede oder indirekte Aussage nach Verben des Sagens, Denkens, Meinens, Heischens kann uneingeleitet sein. Der Konj Präs. tritt bei gegenwärtigem, der Konj. Prät. bei vergangenem Geschehen auf. Auch bei Irrealität oder Zweifelhaftigkeit tritt Konj. Prät. oder Plusquamperf. auf: *ouch trûwe ich wol, si sî mir holt* Pz. 607,5; *sî sprâchen, ez wær ân ir haz* Iw. 239; *im rieten sîne mâge, er wurbe umb ein wîp* (futurisch) Kudrun 169,1; *ich wæn ez tagen welle* Nl 2122,2; *ich enwolde danne liegen, ich hân iu leides vil getân* Nl 1791,4
- *waen*, verkürzt aus *ich wæne*, wird im Mhd. häufig in den Satz, der davon abhängig ist, eingeschaltet (*wir wæne unmære geste bî dem Rîne sîn* (ich meine, daß wir unbeliebte Gäste am Rhein sind) Nl 1073,3; *ich wæne, in dâ genuogte mite* Er. 356; *alle die wæn kômen dar* Er. 1392.

§ 207. II. **Eingeleitete Nebensätze** sind vor allem auch durch die Satzstellung charakterisiert. Die finite Form des Prädikats steht in der Regel am Ende des Satzes.

Nach der Art der Verknüpfung mit dem Hauptsatz unterscheidet man Relativsätze, abhängige Fragesätze und Konjunktionalsätze.

§ 208. 1. Relativsätze weisen im allgemeinen den Indikativ als Modus auf (*der zoum der an dem rosse lac der was rôtguldîn* Lau 170/71)

Tritt Konjunktiv auf, so erhält der Relativsatz voluntativen oder potentialen Charakter (*du erkiusest dir in dem walde einen boum, der dir gevalle* (gefallen kann/könnte) MF 37,10); *wir heizen boten rîten zuo uns in daz lant ... die hie nieman sîn bekant* (bekannt sein sollen) Nl 874,3/4).

Das gilt auch für verallgemeinernde Relativsätze; (*swaz si sagen, ich bin dir holt* Wa 50,11; *swâ rîcher man gewaltic sî, dâ sol ouch gnâde wesen bî* Freid. 40,13/14). Relativsätze werden eingeleitet durch:

– das Demonstrativum *der, diu, daz*, bisweilen begleitet durch die Partikel *der/dir/dar/dâ* (ohne die örtliche Bedeutung): *daz ich dâ wil* ... MF 218,25; *ich minnet ... den tac vür allez daz der ist* Iw 7391/2. Es begegnet auch Attraktion des Kasus an das Bezugswort im übergeordneten Satz (*aller mîner êren der muoz ich abe stân, triuwen unde zühte, der gotan mir gebôt.* Nl 2153,2/3 *den schilt den er vür bôt, der wart schiere zeslagen* Iw 6722/23,

– die verallgemeinernden Relativa *swer/swaz/swelch/sweder* ,wer/was/welcher auch immer' *sweder* = ,welcher von beiden auch immer' *swer an rehte güete wendet sîn gemüete, dem volget sælde und êre* Iw 1–3; *swaz ir habt der lebenden, die seht ir bî iu stên* Nl 2318,2; *swelhe dar gerîtent, die habent den tôt an der hant* Nl 1540,4; *sweder nû tôt gelît von des anderen hant, und im dâ nâch wirt erkant* ... „welcher von beiden auch durch die Hand des anderen fällt" Iw 6960–62; für das ver-

allgemeinernde Relativum ist Anfangsstellung charakteristisch. Daraus folgt auch die Anfangsstellung des Rela-
tivsatzes.

– relative Adverbien *dâ* (wo), *dar* (wohin), *dannen* (woher); *swâ* (wo auch immer), *swar* (wohin auch immer),
swannen (woher auch immer): *man huop in von der
bâre dâ er ûfe lac* (auf der) Nl 1050,2.

– auch *und* sowie *so* können – allerdings selten – relati-
visch gebraucht werden (*ich mane iuch der genâden und
ir mir habt gesworn* Nl 2149,1, . . . *der vil grôzen liebe
sô mîn herze an si hât* (Kraus, Liederdichter I, S. 384; 2,2
(C), vor allem auch in Verbindung mit *die wîle, alle wîle*
(„die Zeit, die" „so lange wie"); *die wîle und er daz leben
hât, so sol er mit den lebenden leben* Trist. 1872,73: *daz
ich im immer bi gestan die wile und ich daz leben han*
Biter. 5587; *die maze und si da mohten sach man sie ge-
baren* Kudr. 849,3.

§ 209. 2. Indirekte Fragesätze nach Verben des
Wissen-Wollens bevorzugen den Kunjunktiv (*Gunther . . .
vrâgte sîne man, wie in diu rede geviele . . .* Nl. 1457,3/4.
Nach Verben des Sagens und Mitteilens, des Erkennens und
Erfahrens etc. steht Konj. oder Ind. Der Indikativ erscheint
vor allem, wenn der faktische Charakter des Inhalts betont
werden soll (*hœret wunder, wie mir ist geschehen* Wa 72,37).
Bei Zweifel und Distanzierung gegenüber dem Inhalt des
Satzes kann Konj. stehen (*er seit uns danne wie daz rîche
stê verworren* „wie sich das Reich in Verwirrung befinde"
Wa 34,18).

Bisweilen findet sic die Tendenz, den Konj. (Prät.) lediglich als formales Kriterium für die Abhängigkeit des Satzes
zu verwenden (*er las daz selbe mære, wie ein herre wære* AH
29/30; *wan sol iemer frâgen von dem man, wiez umb sîn
herze stê.* Wa 103,6/7.

Indirekte Fragesätze werden eingeleitet durch:

– die Fragepronomina *wer/waz, welch, weder* (*ir sult besehen wes uns hie gebreste oder wen wir hân verlorn* Nl 1 6 1 8, 2 / 3; *nune weste mîn her Îwein von wederm si wære under den zwein, von wurme ode von tiere* Iw 3 8 3 1 – 3 3); *weder* (Nom.Akk.Ntr.) wird bisweilen als disjunktive Fragepartikel verwendet (= nhd. „ob"): *weder ez dô nôt ald übermuot geschüefe, des enweiz ich niht* Trist. 3 2 4 / 3;

– die Frageadverbia *wâ* (wo), *war* (wohin), *wannen* (woher), *wanne, wenne, wan(n), wen(n)* „wann" *wie* „wie" (*wie güetlîche vrâgen diu marcgrâvinne pflac, war in gesendet hête der künic* . . . Nl 1 1 6 8, 2; *diu liute nam des wunder, wâ von daz geschach* Nl 8 3 4, 1);

– *ob* (nhd. „ob") besitzt r e i n s y n t a k t i s c h e Funktion (*ine weiz ob er daz tæte durh sînen hôhen muot* Nl 6 8 0, 2 ; *sô wil ich selbe gân zuo mîner lieben muoter, ob ich erbitten kan daz uns ir schœnen mägede helfen* Nl 3 4 5, 1 – 3 ; *und vrâgete sî mære, ob in iht kunt wære umb in den sî dâ suochte* Iw. 5 9 3 7 – 3 9.

3. Nebensätze mit einleitender Konjunktion

§ 2 1 0. Durch Konjunktionen eingeleitete Nebensätze sind zumeist nähere Bestimmungen des durch den übergeordneten Satz Bezeichneten. Die Art der näheren Bestimmung wird durch die jeweilige Konjunktion gekennzeichnet. Jedoch wird auch die Aussageform auf andere als die gewöhnlichen Inhalte übertragen. Nur die Konjunktion *daz* besitzt rein syntaktische Funktion.

§ 2 1 1. T e m p o r a l e N e b e n s ä t z e weisen als Modus meist den Ind. auf. Sie werden vor allem durch die folgenden Konjunktionen eingeleitet:

– *dô* „als, indem", bisweilen auch „nachdem" (*dô diu marcgrâvinne die botschaft vernam, ein teil was ir leide . . .* Nl 1161,1/2, kausale Bedeutung (= nhd. da) ist im Mhd. kaum festzustellen;

– *sô* „als, sowie, dann – wenn" (*sô sî wider ûf gesach . . .* Iw. 1327) *. . . sô sî mîn ouge ane siht* MF 12,33)

– *alsô* (< verstärkendem *al* + *so*) „sowie, als, ganz wie, so wie" *und alse es danne zit si, so bin ich unde Isot da bi Trist.* 9751/52)

– *swanne/swenne* „wann immer, dann – wenn" (*swenne aber sî mîn ouge an siht, seht, sô tagt ez in dem herzen mîn* MF 130, 37/38).

– *unz* „(solange) bis, solange wie" (*. . . vuor ich ie welende, unz ich dich vant* MF 11,4)

– *biz (daz)* „(solange) bis, solange wie" (*biz si ze jungste dô zir selber kam . . .* Trist. 1448/49).

– *bidaz, bedaz* „während dessen daß, indessen" (*bedaz der videlære die rede volsprach . . .* Nl 2147,1)

– *innen des* „indessen, während" (*reht indes dô ez tagte was sîn ors gewâpent . . .* Pz. 703,10/11)

– *under des* „während" (*der wîse man Aristotiles disiu wort sprach, under des er scheiden muoste von disem lîbe.* Renner 2481)

– *ê, ê daz* „bevor, ehe" (*vrô wirt er niemer, ê er an dînem arme sô rehte güetlîche gelît* MF 14,11–13; *hie twelter vierzehen naht, . . . ê daz er schiede von dan* Iw. 5621/24)

– *sît, sît daz* „seitdem, nachdem" (*sît daz diu minneclîche minne alsô verdarp, sît sanc ouch ich ein teil unminneclîche* Wa 48,14/15)

– *nu(n), nu(n) daz* „als (nun), wie nun, nachdem nun" (*nû daz disiu rîchiu kint sus beidenthalp verweiset sint, der juncherre sich underwant sîner swester . . .* Greg. 273–76)

- *die wîle* (adverbialer Akk.) „so lange wie, während" (*die wîle unz ich daz leben hân, sô bist du mir vil liep* MF 9, 25/26).

Vereinzelt können temporale Bedeutung haben

- *swie* „dann – wenn, sowie" (*swie daz geschiht, sô bin ich tôt* Konr. v. Würzb. Trojkr. 17134)
- *und* „als" (*den marcgrâven dûhte grôz ir kraft, und er si reht ersach* Wh. 58,12/13)

§ 212. **Konditionale Nebensätze** (Bedingungssätze) geben zeitliche und sachliche Voraussetzungen für die zugehörigen Hauptsätze an. Bei naheliegender Verwirklichung steht Ind., bei Unsicherheit steht Konj. **Konditionale Nebensätze** werden vornehmlich durch folgende Konjunktionen eingeleitet:

- *ob* „wenn" (*und obe si lache, daz sî mir ein gruoz* MF 132,6; *du wirst ein scœne wîp, ob dir noch got gefüeget eins rehte guoten ritters* lîp Nl 16,3/4)
- *eht/oht êt, ôt* (< *eckert*), nur vereinzelt, „wenn nur" (*nieht ist des ich mich scame, et du gnadich pist ime* Gen. 4828/29)
- *und* „wenn" (*und ist ir lîp sô schœne, als mir ist geseit* Nl 1149,3; *und zürn ich daz, sô lachest dû* Wa 67,15)
- *swenne* „wenn" (*swenne ich sî mit mîner valschen rede betrüge, sô hete ich sî unrehte erkant* MF 173,13/14)
- *swie* ‚wenn, sowie" (*swie daz geschiht, sô bin ich tôt* KvW, Troj. Kr. 17134); *swie mîn nôt gevüeger wære, sô gewunne ich liep nâch leide* MF 58,23/24).

§213. **Konzessive Nebensätze** (Einräumungssätze) werden eingeleitet durch

- *doch* „obgleich, obwohl" (*doch ich ein leie wære, der wâren buoche mære kund ich lesen* Pz. 462,11–13)

- *swie* „obgleich, obwohl, wenn auch" (*swie mir tôt vast
  ûf dem ruggen wære . . . sô wart mîn wille nie, daz ich sî
  verbære.* MF 116,15−17; *swie er mich selben bræhte in
  angestlîche nôt, iedoch sô wil ich rechen des küenen
  Tronegæres tôt.* Nl 2375,3/4)
- *al, aleine* „obwohl, obgleich" (*alein er wêre niht rîch des
  guotes, doch was er rîch sinniges muotes* Renner 1189/
  90; *al sül si niht gekrœnet sîn, si hât doch werdekeit bekant* Pz. 89,14/15)
- *ob* „wenn auch, wenn gleich" (*obe si mir ein leit getuot,
  sô bin ich doch . . .* MF 172,19/20; *ob ichz halt weiz, ich
  solz verdagn* Pz. 555,6)
- *also, als* „wie . . . auch" (*also lip er deme uater was, got
  ne lîz ez umbe daz . . .* Diemer 19,6/7; *unde tet gar tœr-
  lîche, als wîse er dâ was* Berth. I, 174,11)
- *noch denne daz* „obwohl, wenn auch" vgl. nhd. „trotz-
  dem", vereinzelt und spät (*. . . und die alten kleidere hin
  werfen, nochtan daz si guot sint* Tauler, Pred. 432,13)
- *und* „obwohl" (*daz ir getorstet rîten her in diz lant, unde
  ir daz wol erkandet, waz ir mir habet getân?* Nl 1787,2/3)
- *sît* „da doch, obwohl" (*zwiu lieze du in minnen, sît er dîn
  eigen ist?* Nl 841,2; *Sît si wil versuochen mich, daz nim
  ich vür allez guot.* MF 19,17/18).

§ 214. Kausale Nebensätze (Begründungssätze) werden eingeleitet durch

- *sît, sît daz* „da, weil" (*des wirt ouch niemer leides mir
  unze an mîn ende buoz, sît sî mich hazzet, die ich von
  herzen minne.* MF 166,30/31; *sît daz nieman âne fröide
  touc, sô wolte ouch ich vil gerne fröide hân.* Wa 99,
  13/14)
- *nû* „da nun" (*nû ir sît sô küene . . . ich wil an iu ert-
  wingen swaz ir muget hân* Nl 110,1−3)

- *wand(e), want(e), wan(e)* (ahd. *hwanta, hwanda*) „weil, da" (*wand sî mir dô tâten michel unreht . . ., dô wart mîn leit vil manecvalt* Iw. 4136−38; *und wander aber gewisheit ir willen niene haete, in welher wis siz tæte, . . . daz machete sine sinne in zwivele wanken.* Trist. 828−833)
- *durch daz, für daz, umbe daz* „um des willen daß, deshalb weil" (*durch daz er videlen konde, was er der spilman genant* Nl 1477,4; *si engetet ez nie wan umbe daz, daz si mich noch wil versuochen baz* MF 161,29/30)

§ 215. Finale Nebensätze (Absichtssätze) werden eingeleitet durch
- *daz* „damit" (. . . *den bôt man rîchen solt . . . daz si die helde nerten* Nl 255,1−3) mit Hinweis auf finalen Sinn des durch *daz* eingeleiteten Satzes im übergeordneten Satz: *mîn lebn ich dar ûf zierte, daz mir genâde tæte ein wîp* Pz. 458,10/11; *die got dar zuo geschaffen hat, daz sie guot bilde geben* Renner 182,23)

(Modal)-Konsekutive Nebensätze (Folgesätze) werden eingeleitet durch
- *daz* „in der Weise daß, so daß" (*dô sluoc der herre Sîvrit daz al daz velt erdôz* Nl 186,1), häufig mit korrelativem *alsô, sô, solh* im übergeordneten Satz: *sô stuont sô minneclîche daz Siglinde kint, daz in durch herzen liebe trûte manec vrouwe sint* Nl 135,3/4; *dem gap der videlære einen solhen slac, daz im vor Etzeln füezen daz houbet schiere gelac* Nl 1999,3/4;
- *(al)sô daz* „so daß, in der Weise daß", wobei jedoch der Übertritt des Adverbs in den abhängigen Satz erst im Nhd. eindeutig erfolgt ist (. . . *daz dû uns sîst genædiclich, sô daz dîn bete erklinge vor der barmunge urspringe* Wa 7,34−36).

§ 216. **Modale Nebensätze**, die die Art und Weise des im übergeordneten Satz Ausgedrückten näher bestimmen, werden eingeleitet durch

- *so* „wie, dementsprechend wie, so wie" (*jâ huoten si ir êren, sô noch die liute tuont* Nl 486,2)

- *so ie* + Komparativ – *so ie* + Komparativ „je desto, in welchem Maße mehr – in solchem Maße mehr" (*sô ich ie mêre zühte hân, sô ich ie minre werdekeit bejage* Wa 91,3/4)

- *als(o)* „(so) wie" (*alsô diu sunne schînet durch ganz geworhtez glas, alsô gebar diu reine Krist . . .* Wa 4,10–12; *in dürstet sêre nâch der lêre als er von Rôme was gewon* „wie er sie gewohnt war, die er gewohnt war" Wa. 6,32–34)

- *als* mit Konj. „wie wenn" (*ir houbet ist sô wünnenrîch, als ez mîn himel welle sîn* Wa 54,27/28)

- *sam, alsam* mit Indik. „in gleicher Weise wie", mit Konj. „als ob, wie wenn" zur Einleitung eines Vergleichs mit der Bedeutung eines irrealen Bedingungssatzes (*doch tete sî sam diu wîp tuont* Iw. 1866; *ez smecket . . ., alsam ez alles balsame sî* Wa (A) 54,13/14)

- *swie* im Vergleich „wie auch immer, ganz so wie, wie" (*die suln iu hie dienen . . ., swi ir gebietet* Nl. 1266,3; *nû tuo mir swie dû wellest . . .* Wa 55,6)

- *und* „wie", selten (*. . . daz ir getorstet rîten her in ditze lant, zuo alsô starken leiden unt ich von iu hân?* „ zu so großem Leid, wie ich es von euch erfahren habe? Nl 1787,2/3 (C)

- *danne* zur Einleitung von Komparativsätzen, nhd. „als" (*diu krône ist elter danne der künec Philippes sî* Wa 18,29) im Sinn von nhd. „als daß", wenn ein mit *daz* eingeleiteter Satz vorausgeht (*noch bezzer ist, daz man ir*

hüete, danne . . . iegelîcher sînen willen spraeche MF 50,
23—25).

§ 217. Die zur Einleitung eines Nebensatzes dienende
Konjunktion *daz* hat rein syntaktische und keine seman-
tische Funktion. Sie unterscheidet sich damit von den zuvor
genannten Konjunktionen. Der Bedeutungswert von *daz*
wird allein durch den Kontext bestimmt. Die Konjunktion
bezeichnet nur die Unterordnung des von ihr eingeleiteten
Satzes unter einen anderen Satz. Dies kommt vor allem dann
zum Ausdruck, wenn *daz* abwechselnd mit einer anderen
Konjunktion steht, um deren Wiederholung zu vermeiden
(. . . *in einen zîten dô vrou Helche erstarp, unt daz der künic
Etzel umb ein ander vrouwen warp* Nl. 1143,1/2)

Weil es ohne semantischen Wert ist, kann *daz* als eine Art
konjunktionale Stütze zu Adverbien hinzutreten, die konjunktionale Funktion haben: *sît daz, nû daz, ê daz, noch
denne daz, die wîle daz, swenne daz.* Vgl. dazu §§ 211; 213).

daz dient vor allem zu Einleitung von Objektsätzen und
Subjektsätzen (Objektsatz: . . . *iu sol verbieten got . . . daz
si deheinen spot an mir armer üeben* . . . Nl 1218,1—3; Sub-
jektsatz: . . . *waz half in daz er künec was?* Nl 1982,4)

Erläuternde (explikative) Funktion haben *daz*-Sätze, die
Satzglieder oder den ganzen Satz erklären (*âne sorge ich nie
beleip sît des tages daz ich sach die hant von der diu schrift
geschah* „seit dem Tag an welchem" Pz. 645,4—6; *ich bin
tump daz ich sô grôzen kumber klage* MF 171,25). Expli-
kativ können auch Sätze verstanden werden, die eine Inter-
jektion erläutern (*owê, hovelîchez singen, daz dich unge-
füege dœne solten ie ze hove verdringen* Wa 64,31—34).

wan daz „nur daß, wenn nicht" hat exzipierende Bedeutung (*er hete geweinet benamen, wan daz er sich muose
schamen* Iw. 2967/68)

D. Negation und syntaktische Besonderheiten.

Negation

§ 218. Das Mhd. unterscheidet sich hinsichtlich der Negation recht erheblich vom Nhd. Ursprünglich trat allein die Negationspartikel *ne/en/in/n* zur Bezeichnung der Verneinung auf. Die Tonschwäche dieser Partikel, die wegen ihrer Unbetontheit auch pro- oder enklitisch zu *n* abgeschwächt werden konnte, war vermutlich der Grund dafür, daß alsbald eine Verstärkung durch Kombination mit anderen Negationswörtern erfolgte. Die einfache Negationspartikel ohne Verstärkung durch ein anderes Negationswort erscheint jedenfalls in den Texten der klassischen mhd. Literatur nur noch in bestimmten Fällen. Für das Mhd. ist es daher charakteristisch, daß an mehreren Stellen des Satzes die Negation ausgedrückt und durch diese Häufung unüberhörbar gemacht wird, ohne daß diese doppelte Verneinung die negative in eine positive Aussage verwandelte.

§ 219. Die Verneinungspartikel *ne/en/in/-n/n-* steht unmittelbar vor dem Verb, das sie verneint. Sie kann auch proklitisch mit dem zu verneinenden Verb verbunden sein (... *nu enwelle got* Iw. 4782) oder enklitisch dem voraufgehenden Wort angehängt werden (*son* (= *so en*) *kan ich nein, son kan ich jâ* Wa 42,61; *hêrre, in* (= *ich en*) *mac* ... Wa 82,12). Einfaches *ne/en/in/n* steht in klassischer Zeit nur noch bei:

– Modalverben, (*ern mohte noch ensolde* Iw 5096; *wan wirne kunnen leider baz* Iw 7684; *nune welle got* Nl 2105,1)
– *wizzen* (*ichn weiz obe ich schœne bin* Wa 86,11)
– *tuon* (... *si entut* RF 583)
– *lâzen* (*der gerne biderbe wære, wan daz in sîn herze enlât* Iw 200)
– *ruochen* (*vil stolzen helde, enruochet* MF 21,1).

§ 220. *niht* (< ahd. *niwiht, neowiht*) ist ursprünglich eine Komposition der Negationspartikel *ni* mit Akk. Sg. Ntr. „etwas" oder mit dem verallgemeinernden Pron. indef. *eowiht*. Bei ahd. *niwiht* handelt es sich um einen Akk. der Modalität („in keiner Weise"). *niwiht* konnte verstärkend zu *ne* hinzutreten. Allmählich kehrte sich das Verhältnis beider Negationswörter um: *niht* ist seit dem 12. Jhd. hauptsächliches Negationselement, *ne* dient lediglich zur Verstärkung oder fehlt ganz. In *niene* „nicht" (< *niht ne*) ist die Verstärkung zur festen Verbindung geworden.

Das als Negationspartikel verwendete Pron. indef. *niht* tritt auch als Substantiv auf. Es wird gern mit partitivem Gen. konstruiert (*ûf erde niht sô guotes was* Pz 53,3) und kann durch *nihtes* (adverbialer Gen.) verstärkt werden (*ez enwont ûf erde nihtes niht* Pz 532,16). Die genitivische Konstruktion tritt auch bei *niht* als Negationspartikel auf (. . . *ir sult mîn ezzen nieht* Pz 131,24; *wir haben niht guoter reise zuo dirre hôhgezît getân* Nl 1738,4; *sô grüeze ich iuwer niht* Nl 1739,2. Ebenso kann *niene* mit Gen. stehen.

§ 221. *nie* „niemals" (< ahd. *neo, nio* = *ne* + *eo* „immer"), Adv., dient mit seinen Erweiterungen *niemer, nimmer* speziell dem Ausdruck zeitlicher Verneinung. Die Negationspartikel *ne* kann zur Verstärkung hinzutreten, vor allem wenn das Verbum finitum vor *nie* steht (*nie keiser wart sô rîche* Nl 49,3; *swem nie von liebe leit geschach*; mit Verstärkung: *ezn gebôt nie wirt mêre sînem gaste græzer êre* Iw 355/56).

§ 222. *niender(t), niener* „nirgend(wo)" dient zur räumlichen Verneinung. Es kann aber auch lediglich verstärkend („keineswegs") gebraucht sein (*der endarf sich iuwer niender inne weder ze hove schamen noch an der strâze* Wa 46,35/36; *Hôher wîp von tugenden und von sinnen die enkan der himel niender ummevân* MF 145,25/26).

niergen(t) „nirgend(wo)" bezeichnet ebenfalls die räumliche Verneinung (namentlich im Md.), tritt aber selten auf (*So moz ich immir mere vluchtic sin vor rothere vnde ne mach mich niergin generen.* Ro 2010−12).

§ 223. Das Pronomen *nieman* (< ahd. *neoman* = *ne* + *eoman* ‚irgendjemand' dient speziell zur personellen Negation. Auch hier tritt gelegentliche Verstärkung durch *ne* auf, wenn das Verbum finitum vor *nieman* steht. Wird ein Substantiv mit *nieman* verbunden, so erscheint es im Gen. (*nieman was ir gram* Nl 3,2; *ich habe niemen mâge* Nl 1085,3; *wan ern mohte die schulde ûf niemen anders gesagen* Iw 3222/3). *ander* auf *niemen* bezogen kann auch appositiv, flektiert oder flektionslos konstruiert sein.

§ 224. *nehein, enhein, enchein, enkein* „keiner" Pron. indef. dient der Negation in Bezug auf Substantiva. Es kann allein die Verneinung bilden, aber auch mit anderen Verneinungswörtern im Satz erscheinen (*sît got enheine sünde lât* Wa 6,10 C; *dane was manne nehainer* Rl 8918). In wenigen Fällen hat *enhein/kein* die positive Bedeutung „irgendeiner" (. . . *daz er der buoche mere gelernete in so kurzer zit, dan ie kein kint e oder sit* „mehr lernte als je ein Kind vorher oder nachher" Trist. 2090−92), jedenfalls korrespondiert im Nhd. die positive Bedeutung.

§ 225. *deweder* hat grundsätzlich die Bedeutung ‚keiner von beiden' und kann mit oder ohne verstärkendes Negationswort gebraucht werden (*ein dinc ich iu wol sage, daz ir deweder was ein zage* Iw 1045/46; *wan nûne wirt ir deweteres rât* Iw 3010). Der Akk. Ntr. wird als disjunktive Partikel in Gegenüberstellungen mit *noch* gebraucht. In Sätzen mit hypothetischer oder nichtwirklicher Aussage hat *deweder* positive Bedeutung (*ist unser deweder ein Anschevîn, daz sol ich von arde sîn* Pz 746,11/12).

§ 226. *noch* „und nicht", Konjunktion, dient zur Anreihung eines negierten Satzgliedes (*daz in niht enschadete di ünde noch diu fluot* Nl 1378,2; *ein bosch der bran, dâ nie niht an besenget noch verbrennet wart* Wa 4,13−15). Daraus ergibt sich auch der disjunktive Gebrauch von *noch* im Sinn von Nhd. *weder − noch* (*dem sint die engel noch die frowen holt* Wa 13,9).

§ 227. Korresponsion negierter Satzglieder wird durch *noch −noch* oder *(de)weder − noch* nhd. ‚weder − noch' bezeichnet. Das Verhältnis der aufeinander bezogenen Satzglieder kann disjunktiv (*wand im wart von rehter liebe nie weder wol noch wê* Wa 14,1 C) oder adjunktiv (*liezen si mich âne nôt, sô het ich weder haz noch nît* Wa (C) 64,4 f.) sein.

§ 228. Negation in konjunktivischen Nebensätzen:

− wenn von einem übergeordneten Satz ein konjunktionsloser konjunktivischer Nebensatz abhängt, der eine positive Aussage enthält, erscheint im Mhd. gleichwohl die Negationspartikel *ne* (*der . . . vischaere niht enliez er en tæte als in sîn herre hiez* Gregor. 1107/08; *Parzivâl des niht vergaz, ern holte sînes bruoder swert* Pz. 754,22/23).

− Konjunktivische Sätze mit exzipierender Bedeutung, die Bedingungen angeben, unter denen Ausnahmen von dem im übergeordneten Satz Gesagten möglich sind, werden im Nhd. mit „es sei denn, daß . . ." oder „wenn nicht" eingeleitet. Im Mhd. erscheint die Negationspartikel *ne* im exzipierenden Satz (*. . . daz niemer sêle wirt gesunt . . . sin habe von grunde heiles funt* Wa 6,14−16; *den (lîp) wil ich verliesen, sine werde mîn wîp* Nl 329,4). Ist der übergeordnete Satz negiert, kann die Negation *ne* im exzipierenden Satz fehlen (*niemen kan erwenden daz, ez tuo ein edeliu vrowe* „es sei denn, daß es eine edle

Dame tue" MF 12,30/31; *ich singe niht, ez welle tagen* (es sei denn, daß es Tag werden will) Wa 58,29 AC; *nieman kan hie fröide vinden, si zergê* Wa 42,11).

§ 229. Negation ohne negierende Wörter:

In *daz*-Sätzen, die von Verben mit prohibitiver oder mit verneinender Bedeutung abhängen, steht — anders als im Nhd. — Negation (*daz wil ich widerraten . . . daz ir mich mit besemen gestrâfet nimmer mêr* ‚davon will ich abraten daß ihr mich jemals mit Ruten züchtigt' Kudr. 1279,1/2; *jâ verbôt ich iu an den lîp daz ir niht soldet sprechen* (ich verbot euch zu sprechen) Er. 3239/40; *daz tugendelôser hêrren werde iht mêre, daz solt dû, hêrre got, bewarn* (daß üble Herren mehr werden (*iht* hier nhd. „nicht" statt sonst „in irgendeiner Weise") Wa 23,24/25).

In Sätzen, die mit *daz* eingeleitet werden (Finalsätze, Objektsätze) sowie in nicht-eingeleiteten Sätzen, die von *waenen* abhängig sind, können *iht, ieman, ie, iender* verneinenden Sinn haben.

iht, iemer, ieman können anscheinend auch in selbständigen Sätzen negative Bedeutung annehmen (*daz ich ie wânde ez waere, was daz allez iht?* „war das etwas?" oder „war das nichts?" Wa 124,3; *sol ich dich immer gesehen?* (werde ich dich niemals mehr sehen" oder „werde ich dich jemals wieder erblicken?" Wh 421,3 = Willehalm beim Anblick des ohne Reiter heimkehrenden Pferdes seines Soh nes).

§ 230. Statt einer gewöhnlichen Negation können bildliche Ausdrücke auftreten (*ein bast, ein bône, ein wint* = „nichts"). Untertreibend können, nach Art der Litotes, *lützel, wênec, kleine* für „nicht" bzw. „nichts" stehen und *selten*

für „niemals". *lützel ieman* steht für „niemand" (*sôn weiz doch lützel ieman, wiez under uns zwein ist getân* MF 10,7/8; *Si hât leider selten* (nie?) *mîne klagende rede vernomen. des muoz ich engelten. nie kunde ich ir nâher komen.* MF 170,22−25).

II. Die Konstruktion ἀπὸ κοινοῦ (*apo koinou*)

§ 231. Seit der 1. Hälfte des 12. Jahrhunderts findet sich eine als ἀπὸ κοινοῦ bezeichnete syntaktische Fügung, die im Laufe des 15. Jahrhunderts wieder verschwindet. Sie tritt vor allem im Nibelungenlied, der Kudrun und bei Wolfram von Eschenbach auf. Es handelt sich um die Erscheinung, daß zwei aneinanderstoßende Sätze ein gemeinssames Satzglied (griech. κοινός (*koinós*) = gemeinschaftlich) haben können. Damit zwei vollständige Sätze entstehen, müßte dieses Satzglied an der Satzgrenze eigentlich doppelt bezeichnet werden. Darauf wird verzichtet und eine unlogische Konstruktion in Kauf genommen. Das den beiden Sätzen gemeinsame Satzglied befindet sich meistens in der Funktion des Subjekts oder Objekts (*dô spranc von dem gesidele her Hagene alsô sprach* Kudr. 538,2; . . . *unt truogen für die tür siben tûsent tôten wurfen si darfür* Nl 2013,1/2; *mit sîner blœder krefte hete er ûf gezogen manec starke strâle schôz er ûz dem bogen* Kudr. 92,1/2).

Das gemeinsame Satzglied kann bisweilen im zweiten Satz eine andere syntaktische Funktion als im ersten Satz haben, wenn die Form des gemeinsamen Satzgliedes eine doppelte Auffassung zuläßt (*heiz Hôranden bringen: dem ist wol erkant alle site Hagenen hât er wol gesehen* Kudr. 214,2/3; . . . *gieng er dâ ers vant gezweiet in ir muote von Hegelingelant Kûdrûn enphienc in mit anderen vrouwen* Kudr. 654, 1−3).

III. Konstruktionsbrüche

§ 232. 1. Als Anakoluth (*oratio* ἀνακόλουθος (*anakó-louthos*) = „nicht angepaßte Konstruktion" wird das Umbiegen einer Satzkonstruktion bezeichnet, wenn ein Satz nicht in der begonnenen Weise sondern in anderer Konstruktion fortgeführt wird.

Die wichtigsten Konstruktionsbrüche sind:

§ 233. Übergang aus indirekter in direkte Rede innerhalb eines Satzes (*in bat der wirt nâher gên und sitzen „zuo mir dâ her an* ... Pz 230,26/27) oder innerhalb eines Satzgefüges (*der helt si vrâgen began umbe ir site und umb ir pflege, „daz ir sô verre von dem wege sitzt in dirre wilde"* Pz. 438, 22–25), auch mit parataktischem Anschluß (*dô sprach diu küneginne, daz kunde nimmer wesen, daz ir deheiner lebte von des fiwers nôt, „ich wil des baz getrûwen, daz si alle ligen tôt"* Nl 2126,2–4).
Der Übergang von direkter in indirekte Rede innerhalb eines Satzes ist nur selten zu finden.

§ 234. In Fragesätzen, die von einem übergeordneten Satz mit negiertem *wizzen* abhängig sind, wird die Konstruktion bisweilen in eine Infinitiv- oder Gerundiumskonstruktion abgewandelt (. . . *si enwesten war entrinnen* Kudr. 878,3; *sine wessen wem ze klagene diu ir vil grœzlîchen sêr* Nl 2088,4).

§ 235. Gelegentlich wird ein Nomen oder Pronomen an den Anfang eines Satzgefüges gestellt, obwohl es eigentlich in den nachgestellten abhängigen Satz gehören würde. Dort tritt es auch bisweilen nochmals auf, so daß sich Prolepsis (Vorwegnahme) ergibt. Durch die Anfangsstellung aber wird die Inversion von Subjekt und Prädikat im übergeordneten Satz hervorgerufen, was die Konstruktion eines abhängigen Satzes hervorruft (*mentel tief und wît sach man daz si truogen* ... Kudr. 333,2/3; *disen esel gebôt unser herre got sînen jungern daz si ime brechten* (Schönb. Pred. I 17,16/17).

§ 236. Eine begonnene Satzkonstruktion wird nach einem angefügten Nebensatz abgebrochen, so daß der noch fehlende Teil des Satzgefüges fast wie ein selbständiger Satz konstruiert wird (*ir wizzet wol daz ein man der ir iewederz nie gewan, reht liep noch grôzez herzeleit, dem ist der munt niht sô gereit* ... Greg. 789–92).

Bisweilen erscheint auch eine neue Einleitung (*nû seht ir wol, wie die geistlîchen liute, die orden habent in klœstern daz die niemer getürrent gereden* ... Berth. I 159,13–15).

§ 237. 2. Parenthese (Einschaltung) eines Satzes in einen anderen Satz liegt dann vor, wenn der eingefügte Satz in sich abgeschlossen und nicht mit dem ihn umgebenden Satzgefüge verknüpft ist. Die Konstruktion des umgebenden Satzes wird durch die Parenthese nicht berührt (*ez geschach mir, dâ von ist ez wâr, es sint nû wol zehen jâr, daz ich nâch âventiure reit* Iw. 259–61; *einen schaden klage ich (des enwunder niemen) daz der wafenriemen alsô rehte lützel ist* Iw. 318–321.

IV. Syntaktische Dissimilation

§ 238. Wenn innerhalb eines Satzgefüges die gleiche syntaktische Funktion durch verschiedene syntaktische Konstruktionen formal unterschiedlich bezeichnet wird, spricht man von syntaktischer Dissimilation. Offensichtlich entsteht dieses Vorgehen aus dem Bestreben, Wiederholungen von Konjunktionen in ein und demselben Satz zu vermeiden.

1. Sätze, die mit einer Konjunktion eingeleitet sind, werden
   mit Sätzen verbunden, die uneingeleitet bleiben (*dô sagete
   man ir umben grâl, daz ûf erde niht sô rîches was unt des
   pflæge ein künic hiez Anfortas* Pz. 519,10−12; *Gâwânen
   des bedûhte, . . . ez wære der ander Parzivâl, unt daz er
   Gahmuretes mâl hete . . .* Pz. 400,13−17; *obe ich von
   hôher minne ie trôst enphienge, und op der minnen süeze
   ie sælden kraft an mir begienge, wart mir ie gruoz von
   minneclîchem wîbe, daz ist nu gar verwildet mînem . . .
   lîbe* Tit. 3,1−4).

2. Ein Satz mit einer semantisch bedeutsamen Konjunktion
   kann mit einem Satz verbunden werden, der die lediglich
   syntaktische Konjunktion *daz* enthält (*dô got dâ wart
   gedienet daz man vol gesanc, mit ungefüegem leide vil
   des volkes ranc* Nl 1064,1/2 (C); *sîn wîp die küneginne
   bat ich durch sippe minne, wand mich der künec von
   kinde zôch und daz mîn triwe ie gein ir vlôch, daz si mir
   hulfe . . .* Pz. 528,17−21).

3. Auf einen Relativsatz, der durch ein entsprechendes Pronomen eingeleitet wird, folgt bisweilen, meist durch *und*
   angereiht, ein Relativsatz, der statt des Relativprono-
   mens eine Form des Personalpronomens der 3. Person
   aufweist (*den ê dâ hete betwungen die Sîfrides hant unt
   in ze gîsel brâhte . . .* Nl 878,3/4; *des steines pfligt iemer
   sider die got derzuo benande unt in sîn engel sande
   (. . . denen er seinen Engel gesandt hatte) Pz. 471,26−28;
   diu sich dâ sündet an mir, und ich ir vil gedienet hân (und
   der ich viel gedient habe) MF 38,30/31.

4. In Konjunktionalsätzen kann der Modus wechseln, ohne
   daß dadurch eine Bedeutungsdifferenzierung beabsichtigt sein muß. Auch hier ist wohl Variationsbedürfnis
   oder Abneigung gegen eine überdeutliche Kennzeichnung des maßgebenden Modus beabsichtigt (*dô er*

*vernam diu mære, daz diu vrouwe wære schoene junc
und âne man, daz ir daz urliuge dar an . . . geschach daz
si den herzogen versprach . . . dô hæte er si gerne gesehen*
Greg. 1895−1903 (A); *ir habt mirs noch vil wênic her ze
lande brâht, swi er mîn eigen wære unde ich sîn wîlen
pflac* Nl 1743,2/3; *man mohte michel wunder von Sîvride
sagen, waz êren an im wüehse und wi scoene was sîn lîp*
Nl 22,2/3).

5. Wechsel von Modalverb + Infinitiv in einem Satz kann
mit einfacher Verbalform, Konjunktiv oder Imperativ,
im anderen Satz gereiht werden (*ir kameraere sult hin
gân und wecket . . . die Sîfrides man* Nl 1014,1/2; *iuch
solt iur wirt erbarmet hân . . . und het gevrâget sîner nôt*
(. . . und ihr hättet fragen sollen . . .) Pz. 255,17−19).

V. Ellipse, Ersparung eines Satzgliedes

§ 239. Sparsamkeit des Ausdrucks liegt vor, wenn ein
Satzglied „erspart" wird, obwohl es hätte bezeichnet werden können.

1. Im Mhd. ist es nicht unüblich, daß ein pronominales Subjekt nicht bezeichnet wird. Bei der 2. Pers. Sg. und Pl. des
Imperativs ist das Fehlen des Pronomens sogar regulär,
sein Hinzutreten dagegen die Besonderheit (*hêr keiser,
sît ir willekomen* Wa 11,30; *sô lâ du dîniu ougen gên an
einen andern man.* MF 10,5/6). Die 1. Pers. Pl. Imp. erscheint sowohl mit wie ohne pronominales Subjekt (*nu
binden ûf die helme* Nl 1601,4; *nu rûme ouch wir den
tan* Nl 946,1). Wenn der Konjunktiv imperativische
Funktion hat, kann auch hier das pronominale Subjekt
fehlen (*nu sî alsô* MF 158,10).

2. Das pronominale Subjekt kann erspart werden, wenn es
in zwei Sätzen gleich lautet (*dâ wânde ich stæte vünde*

MF 213,4; *ich bin ouch ein recke und solde krône tragen*
Nl 109,1; *joch wæne ich ez nû gelouben muoz* MF
166,29).

3. Auch bei unterschiedlichen Subjekten in zusammenge-
    hörenden Sätzen kann ein Subjekt unbezeichnet bleiben
    (*dar vuorte sî in bî der hant, und sâzen zuo ein ander*
    Iw. 6492/3; *sic, jâ was ez ie dîn site unde hâst mir dâ
    mite gemachet manige swære* Greg. 2349−51). Vor allem
    auch bei zwischengeschaltetem *wæne ich* kann das Sub-
    jekt fehlen (*des wæn mîn leben schiere in disen sorgen
    zergê* Nl 2113,4).

4. Das Verbum substantivum kann nach *lâzen* fehlen in
    festen Verbindungen wie *liep wesen, leit wesen, gâch
    wesen* (*und laz dir mîn laster leit* Pz. 159,2) ebenso nach
    lâzen oder einem Modalverb, wenn die finite Form des
    zugehörigen Verbs vorangegangen ist (*der gerne biderbe
    wære, wan daz in sîn herze enlât* Iw. 200/01; *sô was si
    ez ie, nâch der mîn herze ranc und iemer muoz . . .* MF
    114,1/2 (B); *daz ist mîn site und ist mîn rât, als ez mit
    triuwen sol* Mf 206,22/23 (A).

5. Verben der Bewegung können nach einem Modalverb er-
    spart werden, wenn eine Richtungsangabe auftritt (*. . . ich
    muoz endelîchen dar* MF 218,11; *des muose der hêrre
    für die tür* Wa 17,21) gelegentlich auch nach anderen als
    Modalverben (*in was ze hove erloubet . . .* Nl 744,4).

6. In emphatischen Beteuerungsformeln kann das Verbum
    finitum fehlen (*sam mir got* (scil. *helfe*), *sam mir mîn lîp*
    (*wert ist* o. ä.). Das ist sogar im Mhd. die Regel. Ebenso
    kann das Verbum finitum in sentenzartigen und empha-
    tischen Sätzen fehlen (*wâ nû ritter unde frouwen?* Wa
    25,2; *alsus vert diu mennischeit, hiute freude, morgen
    leit* Pz. 103,23/24).

7. Nicht-Bezeichnung eines nominalen Objekts begegnet vor allem in Sondersprachen, etwa des Rittertums, wo der fehlende Begriff ohne weiteres von den Hörern ergänzt wird (*mit sporn si vaste ruorten* (scil „die Pferde") ... Pz. 125,9).

8. Ersparenden Charakter haben auch die verschiedenen Konstruktionen mit exzipierendem *wan, niuwan* „wenn nicht gewesen wäre" (*wan diu tarnkappe, si wæren tôt dâ bestân* Nl 457,4; *jô bræche ich rôsen wunder, wan der dorn* Wa 102, 35; *gerne slief ich iemer dâ, wan ein unsæligiu krâ diu begonde schrîen* Wa 94,38−95,1).

4. Teil: Mundartliche Besonderheiten

1. Mundarten und hochdeutsche Lautverschiebung (vgl. §§ 18−22)

§ 240. Die Aufgliederung der hd. Mdaa. stützt sich auf die Unterschiede im Konsonantismus. Nach weit verbreiteter Ansicht ist die 2. (hd.) Lautverschiebung von Süden nach Norden vorgedrungen und deshalb im Obd. intensiver durchgeführt worden als in den md. Mdaa. Das Mittelfränk. steht dem Niederdeutschen am nächsten.

§ 241. Die Spirantenverschiebung

$p > ff$ ist gesamthochdeutsch; nur im Ripuarischen und dem nordwestlichen Teil des Moselfränk. ist p in *up* erhalten.

$t > \mathfrak{z}\mathfrak{z}$ ist gesamthochdeutsch. Nur im Mittelfränk. bleibt das t unverschoben in den Pronominalformen *dat, wat, dit* (auch rheinfränk.), *it, allet*; ebenso im Prät. *bæte* und Part. *gebæt* zu *bæʒen* (= normalmhd. *büeʒen, buoʒte*), und im Prät. *græte* und Part. *gegræt* zu *græʒen* (= normalmhd. *grüeʒen, gruoʒte*).

$k > hh, ch$ ist gesamthochdeutsch.

§ 242. Die Affrikataverschiebung

$p > pf$ ist obd. und ostfränk. Im Rheinfränk. und Moselfränk. wird das p nur nach l und r verschoben, im Südrheinfränk. auch nach m. Das Ripuarische hat stets unverschobenes p. Das Ostmd. verschiebt anlautendes $p > pf$, aber mp und pp bleiben erhalten, ausgenommen das Südthüringische (= Ostfränk.). — Nach l und r wird pf bereits im 9. Jh. häufig zu f (*dorf* < *dorpf* < *dorp*); vgl. § 20).

$t > tz, zz, z$ ist gesamthochdeutsch. Im Mittelfränk. bleibt das t erhalten in den sw. Prät. und in den Part. der Verba, die im Präs. *tz* haben, z.B. *satte, gesai* zu *setzen*, ferner in *tol* „Zoll" und *tuschen* „zwischen". Selten finden sich solche unverschobenen Formen auch im Rheinfränk.: *satte, gesat, tuschen.*

$>$ *kch, ch* ist südobd. (auch mittelbair.), wobei die Affrikata außer in der Gemination zur Spirans weiterentwickelt werden konnte. Das Nordobd. und das Md. behielten k.

§ 243. Die Verschiebung von

$d > t$ ist obd., ostfränk. und ostmd. (außer nach l und n). Im Rheinfränk. und Moselfränk. bleibt d

erhalten, nur nach *r* wird es stets, im Auslaut (Auslautverhärtung?) häufiger verschoben. Im Ripuarischen finden wir immer *d* bewahrt, auch in der
Gemination, die sonst in allen hd. Mdaa. als *tt* erscheint.

b (< germ. *ƀ*) > *p* im Anlaut ist im Bair. sehr häufig.
Sonst sind im Obd. *p*-Schreibungen nur noch selten
zu beobachten. In der Gemination ist obd. und
schlesisch die Verschiebung *bb* > *pp* fast immer eingetreten, im Md. ist meist *bb* geblieben (vgl. § 21).
— Im Mittelfränk., West- und Nordthüringischen
und Schlesischen ist die spirantische Aussprache
des germ. *ƀ* inlautend zwischen Vokalen und nach
l und *r* und auslautend nach Vokalen erhalten geblieben (inlautend *v* geschrieben, auslautend zu *f*
verhärtet): *bitten, lambes* aber *gëven, sëlve, erve, wîf*.
Im Obd. und Oberfränk. ist *b* stets stimmhafter
Verschlußlaut.

g (< germ. *g*) kann sowohl die stimmhafte Spirans als
auch den stimmhaften Verschlußlaut bezeichnen.
Im Obd. und Oberfränk. ist *g* in allen Stellungen
Verschlußlaut. Im Mittelfränk., Nord- und West-
thüringischen bedeutet *g* im Inlaut und Auslaut
nach Vokal und auch im Anlaut den stimmhaften
Reibelaut. — In der Gemination ist obd. und
schlesisch die Verschiebung *gg* > *ck* meist eingetreten, im Md. überwiegt die Schreibung *gg*
(vgl. § 21).

þ, th > *d* hat sich in mhd. Zeit bereits im gesamten
hd. Gebiet bis auf wenige Reste im Mittelfränk. durchgesetzt.

2. Aussprache der *e*-Laute im Oberdeutschen und Mitteldeutschen

(vgl. Zwierzina, ZfdA 40 (1900), S. 249—316 und ZfdA 63 (1926), S. 1—19)

§ 244. Im Obd. und Md. wurden in mhd. Zeit die *e*-Laute (vgl. § 13) sehr verschieden ausgesprochen. Das wird aus dem Reimgebrauch deutlich.

Im Obd. hatte *ê* eine offene Klangqualität. Auch *ë* wurde offen ausgesprochen, aber nur, wenn es vor Liquid oder *h* stand. Daher können *êl, êr, êh* im Obd. auf *ël, ër, ëh* reimen, z.B. *gër : mêr.* — In allen anderen Stellungen ist *ë* im Obd. ein geschlossener Laut wie das primäre Umlauts-*ę*; es reimen also *ęb : ëb, ęg : ëg (slęge : wëge)*, aber nie *êb : ëb, êb : ęb.*

Im Md. hatte *ê* eine geschlossene Klangqualität, es kann daher nur auf das ebenfalls geschlossene primäre Umlauts-*ę* reimen (*mêr : hęr*), nicht aber auf das im Md. stets offene alte *ë*.

Im Obd. waren *æ* (= Umlaut < *â*) und das sekundäre Umlauts-*ä* von einer überoffenen Klangfarbe. Sie können daher nur untereinander reimen. — Nur im Alem. finden sich manchmal Reime *ë : ä* wie im Md. (s. u.).

Das Md. kennt die überoffene Klangfarbe von *æ* und *ä* nicht; *ä* wurde genauso offen gesprochen wie *ë*.

Beide können im Md. also miteinander reimen (*mähte : rëhte*). Die Länge *æ*, die klanglich dem *ë* entsprach, reimt daher im Md. sowohl mit *ä* als auch mit *ë* (*beswært : gërt*).

Abweichungen von diesen Regeln sind namentlich im Md. zu beobachten, z.B. Reime *ë* : *ę*; im Oberhessischen, Thüringischen sind die beiden langen *e*-Laute *æ* und *ê* oft zusammengefallen (*swære* : *êre*).

3. Typische Eigenheiten des Mitteldeutschen

§ 245. 1. Im Md. sind Kontraktionen, namentlich die über *h* (§ 160), häufiger anzutreffen als im Obd.: *vâhen* > *vân*, *hôheste* > *hôste*, *ziehen* > *zien*.

2. Das *h* schwindet gern in den Lautgruppen *lh*, *rh*, *rht* sowie im Auslaut: *merhe* > *mere* „Mähre, Stute", *vorht* > *vort* „Furcht", *worhte* > *worte* „wirkte", *nâch* > *nâ*, *gâh* > *gâ* „jähe", *bevalh* > *beval* „befahl".

3. Schon im Anfang des 13. Jhs. ist im Md. die Assimilation von *mp*, *mb* > *mm*, gekürzt zu *m*. vollzogen: *lamp* > *lam(m)*, Pl. *lember* > *lemmer*; *krump*, *krumber* > *krum(m)*, *krummer*.

4. Im Mittelfränk. und Hessischen wird die Lautgruppe *hs* > *ss* assimiliert: *wahsen* > *wassen* (auch stellenweise im Obd., besonders im Westschwäb.).

5. Für das Mittelfränk. ist der Übergang von *ft* > *ht*, *cht* charakteristisch: *kraft* > *kracht*.

6. Besonders charakteristisch für die md. Mdaa. ist die Metathese (= Umstellung) des *r* innerhalb der Lautgruppen *rn*, *rt*, *rs*, *rst*, *rht*: *brinnen* > *birnen*; *brennen* > *bernen*; *brunne* > *burne*, *borne*; *drite* > *dirte*; *kristen* > *kirsten*; *geworht* > *gewroht*.

7. Das Md. ist umlautfreudiger als das Obd. (vgl. § 246, 1e).

8. Ein Teil der md. Mdaa., so das Mittelfränk., Hessische, Thüringische, neigen dazu, *e* > *i* aufzuhöhen, und zwar besonders in Vor- und Endsilben: *int-*, *vir-*, *sprêchin, abir, vël* > *vil* „Fell". — Umgekehrt zeigen die anderen md. Mdaa. oft Senkung von *i* > *e*: *wirken* > *werken, himel* > *hemel.*

9. Ebenso wie *i* > *e* wird auch *u* > *o* gesenkt, besonders vor Nasal- und Liquidverbindungen: *sunne* > *sonne, wunne* > *wonne, dunkel* > *donkel, wurst* > *worst.* — Entsprechend ist auch die Senkung des Umlauts *ü* > *ö* erfolgt: *künec* > *könec, münech* > *mönech, süne* > *söne* „Söhne", *mügen* > *mögen.*

10. Neben *von, sol, wol, wonen* stehen vor allem im Mittelfränk. die alten Formen mit *a*: *van(e)* (bis ins Niederalem. hinein), *wal(e), sal, wanen.*

11. Das Md. ist der Synkope und Apokope weniger zugänglich als das Obd. (Ursache: der musikalische Akzent, der „singende" Tonfall vieler md. Mdaa.).

12. Das Md. kontrahiert die Diphthonge *ie, uo, üe* > *î, û, ü*: *gienc* > *gînc* > *ginc*; *genuoc* > *genûg*; *slûge* = obd. *slüege.*

13. Die Adjektivendung obd. *-iu* erscheint im Md. als *-e* (vgl. § 62). Ferner besteht im Md. die Tendenz, *diu* (= Nom. Sg. Fem., Nom. Akk. Pl. Ntr.) durch *die* zu ersetzen (§ 98).

14. Das Md. hat Sonderformen in der Flexion des Pronomens der 3. Person:
N o m. S g. M a s k. *hër* (moselfränk.), *hê, hie, hei* (ripuar.), *hë* (hessisch). D a t. S g. M a s k. N t r. *him, em(e), om(e), um(e).* A k k. S g. M a s k. *hin, en, on, un.* D a t. Pl. M a s k. F e m. N t r. *en, on, un, ön, ün.*

15. In Pronominalformen ist manchmal das auslautende *r* geschwunden unter Dehnung des vorangehenden Vokals: *wir > wî, mir > mî.*

16. Die Dehnung kurzer offener Tonsilben, die für das Nhd. charakteristisch wird (§ 9), ist im Md. schon während der klassischen Zeit des Mhd. zu beobachten. Das zeigen Reime wie: *lîchamen : quâmen, ligen : swîgen.*

4. Typische Eigenheiten des Oberdeutschen

§ 246. 1. Das Obd. zeigt im Gegensatz zum Md. (vgl. § 245)

a) selten Kontraktionen, nur die über *h* nach langem Vokal (Typus *hâhen > hân*) ist häufiger;

b) selten die Assimilation der Lautgruppen *mp*, *mb > m(m)*;

c) eine stärkere Neigung zur Apokope und Synkope;

d) die Tendenz, die alten Diphthonge *ie, uo, üe* zu erhalten. Bereits im 12. Jh. beginnt im Bairisch-Österreichischen die für das Nhd. typische Diphthongierung *î > ei* (*wîp > weib*), *û > ou* (*hûs > hous*), *iu* (= *ü*) *> eu* (*liute > leute*) — die alten Diphthonge *ei* und *ou* bleiben davon unterschieden und werden orthographisch durch *ai* und *au* wiedergegeben; altes *ei* erhielt sich nur in unbetonter oder nebentoniger Stellung (*-heit, ein*), sowie in Wörtern, die dem kirchlichen Sprachbereich entstammen: *geist, vleisch, heilec*;

e) Abneigung gegen den *i*-Umlaut; denn im Obd. hindern z. B. *gg, ck, pf, tz* den Umlaut des *u > iu* (*brugge, zucken, hupfen, nutze*), ein folgender labialer Konsonant den Umlaut von *û, uo, ou* (*rûmen, gelouben, houbet* gegen md. *gelöuben, höubet*).

2. Im Bair. findet sich die Schreibung *b* für *w* und *w* für *b*: *bolf = wolf, bort = wort, blaber = blawer*; *gëwen = gëben, werauben = berauben*.

3. Besonders im Alem., aber auch im Bair., haben sich die vollen Vokale in unbetonten Silben erhalten, wenn sie im Ahd. lang waren: so im Nom. Akk. Pl. der fem. *ô*-Stämme (*gëba*), bei den sw. *ôn*-Verba (*gewarnôt*), in Steigerungsformen (*vorderôst*), im Gen. Dat. Akk. Sg. und Nom. Akk. Pl. der sw. Fem. (*zungun, zungon*), im Opt. Prät. der sw. Verba (*santist*).

4. Der Wandel *m > n* im Auslaut findet sich besonders in alem. Texten: *nam > nan, ruom > ruon*.

Mundarten-Karte

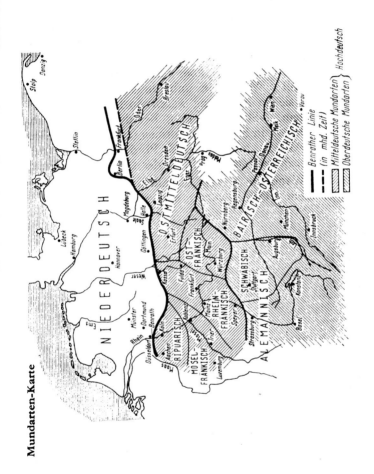

Verzeichnis der mhd. Wörter

Die Ziffern beziehen sich auf die §§ der Grammatik
Die Wörter der Syntax-Belege sind nicht aufgenommen

lësen 135
lîchamen 245
licken 136
liden 131
lieben 11; 176; 179
liegen 41, 3; 173, 3
liep 46; 176
ligen 37, 8; 245
lîhen 28; 49, 1; 131
lîp 37, 6
liute 246
loben 176; 179
loufen 44; 46; 137
lûchen 132
lützel 113; 114; 230

machen 2; 20; 62
mähtec 44
mære (subst.) 44
mære (adj.) 109; 114
magedin 70
maget, meit 37, 8
maht 28; 165
man 88; 89
manec 79
Marîa, Marja 6
mël 36
mêr, mê, mêre 37, 5; 115; 244
merhe 245
mëte 79
michel 113
mîden 131
mîn, dîn, sîn 103
min, minner, minre 115
misse, mësse 47
mit 176; 188
mitten 114
mücke 83
münech, möneck 245
müezen, muozen 28; 118; 154;

173, 2; 201
mugen, mügen, magen 28; 44; 153;
   173, 2; 245
muoten 177
muoter 86
mûs 40, 5

nâch, nâ 176; 188; 245
nacht, naht 20; 78; 88; 90
nagel 63
nahe 14, 6
narwe, nar 76
ne, en, in, n 8; 184, 1; 218; 219;
   220; 221; 223; 228
nëben 175; 176; 188
nehein 105; 224
neigen 37, 6
nëmen 42; 63; 65; 111; 119; 129;
   147; 158; 176; 179; 246
nennen 37, 7
nern 25; 29, 2; 63
netze 71
nîden 131
nie 184, 1; 221
nieman, niemen 178; 223
niemêr, niemer 8; 221
niender(t) 222
niene 220
niener 222
niergen(s) 184, 1; 222
niesen 132
niht 175; 184, 1; 220
nimmer 221
nît 37, 6
niuniu 116
niuwan 239, 8
niuwe 176
noch — (noch) 226; 227
noch dënne daz 213; 217
nôt 176

snîden 131
snite 25
sô 104; 208; 211; 215; 216
solch 104
spil 9
sprëchen 14, 6; 245
stab 70
stân, stên 156; 157; 173, 3
standen 136
stëchen 134
stein 14, 4; 20
stëln 134
stërne 81
stîgen 41, 2
stimme 29, 4
stôzen 137
stunt 73; 175
süeze 114
sünde 75; 109
sûfen 132
sûgen 132
suht 46
suln, süln, soln 37, 7; 118; 147;
    152; 153; 155; 173, 2; 245
sumelîch, sümelîch 105
sun(e) 39, 5; 79; 245
sunder 175; 176; 184, 1; 188
sunne, sonne 245
swâ 208
swære 114; 244
swâger 25
swalwe, swal 76
swan 81
swanne, swenne 211; 212; 217
swannen 208
swar 208
swarz 20
swaz 208
swëder 208
swëher 25

swelch 208
swër, swelih 101, 208
swern 136; 177
swester 86
swie 211; 212; 213; 216
swîgen 245
swimmen 29, 1
swîn 40, 3

tac 21; 37, 6; 62; 64; 65; 66; 69;
    71; 77; 81; 108
tägelîch, tegelîch 105
tât 40, 2
teil 175
tier 105
tohter 86
trëffen 129
trenken 142
triuwe, triwe 12; 35, 3; 46; 76
tropfe 81
türe 77
tugen 148; 150; 151; 153
tuon 104; 156; 158; 159; 160; 219
turm 167
turren, türren 151
tuschen, mittelfränk. 242
tûsent 116
twark, quarc, zwarc 37, 1
twellen 37, 1
twingen, zwingen, quingen 37, 1

übel 113
über 175; 176; 188
ûf 175; 176; 188
umbe, umme 37, 7; 175; 188
unmære, ummære 37, 7
und 208; 211; 212; 213; 216; 238,
    2; 238, 3
under 175; 176; 184, 1; 188; 211
undertân 176